beck **sche**
reihe

denker

b sr

Wie kaum ein anderer Philosoph hat Jean-Paul Sartre die geistige und kulturelle Landschaft des 20. Jahrhunderts geprägt. Als einer der letzten «Meisterdenker» dieser Zeit hat er sowohl mit der Philosophie des Existentialismus, seinen Romanen, Dramen und literaturtheoretischen Arbeiten als auch mit seinem politischen Engagement provoziert. Seine *Philosophie der Freiheit,* sein *humanistischer Atheismus,* in dem der Mensch allein auf sich gestellt seinen Weg bahnen muß, sein unermüdliches Engagement für eine bessere Gesellschaft haben ihn zu einer Legende werden lassen. Peter Kampits gibt in dieser Einführung nicht nur eine umfassende Deutung der Philosophie Sartres, sondern bezieht sein literarisches Werk ebenso mit ein wie seine politischen und polemischen Schriften.

Peter Kampits, geb. 1942, ist Professor für Philosophie an der Universität Wien. Seine Hauptarbeitsgebiete sind Gegenwartsphilosophie und Angewandte Ehtik.

Die Reihe «Denker» wird herausgegeben von Otfried Höffe.

Peter Kampits

Jean-Paul Sartre

Verlag C. H. Beck

Originalausgabe

© Verlag C. H. Beck oHG, München 2004
Gesamtherstellung: Druckerei C. H. Beck, Nördlingen
Umschlagentwurf: + malsy, Bremen
Umschlagabbildung: Henri Cartier-Bresson/Magnum Photos
Printed in Germany
ISBN 3 406 51086 8

www.beck.de

Inhalt

Abkürzungsverzeichnis

Vorwort

Das 20. Jahrhundert hat gewiss viele große Denker und Philosophen hervorgebracht, aber keinen, dessen Produktion und Vielfalt so erstaunlich gewesen ist, wie dies bei Jean-Paul Sartre der Fall war. Wer kann sich schon rühmen, mehr als 50 Werke, die insgesamt an die 15 000 Seiten umfassen, geschrieben oder, nach anderer Zählung, etwa 600 Bücher, Artikel, Briefe und Fragmente hinterlassen zu haben?

Die Wörter, wie seine Autobiographie übertitelt ist, waren sein Leben. Aber nicht nur sie: Sartres Engagement in politischen Fragen, seine unermüdliche Bereitschaft, sich der Öffentlichkeit zu stellen, zu provozieren und zu protestieren, machen ihn zu einer ungewöhnlichen Philosophengestalt.

Man mag die Summe seiner lebenslangen Produktion von Wörtern – allein seine Biographie zu Flaubert enthält 1,25 Millionen Wörter – als inflationär ansehen, man mag sich über seine Stellung- und Parteinahmen zum Weltgeschehen ärgern oder diese befriedigt akzeptieren – er war mehr als ein Intellektueller, mehr als ein schon zu Lebzeiten zu einem Denkmal gewordener Schriftsteller. Er war, wenn auch in eigenwilliger und oft nicht leicht nachzuvollziehender Pose, ein Denker, dessen Grundgedanke der menschlichen Freiheit galt. Für diese Freiheit ist Sartre unermüdlich eingetreten: in Biographien und literaturtheoretischen Schriften, vor allem aber in seinen politisch-polemischen Artikeln und Kampfschriften.

Ebenso ungewöhnlich für einen Philosophen war auch sein Lebensweg, seine Beziehung zur lebenslangen Gefährtin Simone de Beauvoir, in der gewissermaßen ein Partnerschaftsmodell gelebt wurde, in dem sich Bindung und Freiheit zu einer prekären Synthese vereinigten. Er hat fast alle bedeutsamen philosophischen Strömungen des 20. Jahrhunderts mitgeprägt und mitgestaltet, als gleichsam «Erfinder» des Existentialismus ebenso Aufsehen erregt wie durch seine Modifikation des Marxismus oder seine Auseinandersetzung mit dem Strukturalismus.

Kein Wunder, dass diese Denkansätze keine Schule hervorbringen konnten, dass Sartre keine Nachfolger um sich versammelte. Die Wendungen und Brüche in seinem Werk sind zahlreich und oft nur schwer nachzuvollziehen. Trotzdem wird Sartre weiterhin gelesen, kommentiert und interpretiert.

Die vorliegende Einführung versucht, einen Weg zu Sartre zu bahnen, der sein Philosophieren in den Mittelpunkt stellt, ohne freilich von allen anderen Manifestationen seines Werkes absehen zu können. Damit ist Auswahl und Verzicht ebenso zu verbinden wie die Notwendigkeit, viele Windungen seines Weges zu unterschlagen.

Sartre verdient es auch noch heute, da sich sein hundertster Geburtstag nähert, als Philosoph ernstgenommen zu werden, als jemand, der unablässig für die Freiheit eintritt, eine Freiheit, die nie ohne Verantwortung sein kann und die ebensooft hochgehalten wie missachtet wird.

Ich danke allen meinen Mitarbeitern für die Unterstützung, besonders aber Anja Weiberg für ihre beständige Mitarbeit – ohne ihre Hilfe und ohne das Verständnis aller jener, die an meinem Leben teilnehmen, wäre dieses Buch nicht zustande gekommen.

Wien, im November 2003 Peter Kampits

I. Leben

Als Jean-Paul Sartre am 19. April 1980 begraben wurde, folgte eine Menschenmenge seinem Sarg, wie man dies höchstens anlässlich von Begräbnissen von Staatsoberhäuptern erwarten kann. Es sollen über 50000 Menschen gewesen sein, die dem Trauerzug das Geleit gaben.

Weit über seine Tätigkeit als Schriftsteller und Philosoph hinaus war Sartre zu einer Symbolgestalt des Intellektuellen geworden, wie ihn das 20. Jahrhundert wahrscheinlich nur einmal hervorgebracht hat. Sartre war bereits in seinen letzten Lebensjahren zu einer Ikone geworden, zum Inbegriff eines Intellektuellen, stets auf der Höhe des Zeitgeistes, bald ihn verkörpernd, bald im Widerspruch zu ihm, ständig aber auch bereit, diesen und sich selbst in Frage zu stellen. Weit über sein philosophisches Œuvre hinaus hat Sartre die geistige und kulturelle Landschaft des 20. Jahrhunderts geprägt, durch seine literarischen und dramatischen Werke ebenso wie durch seine politischen und polemischen Aufsätze, Pamphlete und Aufrufe, durch seine Biographien und Tagebücher.

Im Gegensatz zu vielen anderen Philosophen, deren Leben in ruhiger Gelehrsamkeit und akademischem Wirken verlief, war Sartre stets bereit, in der Öffentlichkeit zu agieren und sich zu engagieren, sobald es um die Sache der Freiheit des Menschen ging. Diese öffentliche Tätigkeit schlug sich auch in einer Fülle von Lebenszeugnissen nieder, die Sartres Leben nahezu bis in den letzten Winkel ausleuchten. Neben seiner Autobiographie *Die Wörter* sind in seinen letzten Lebensjahren und nach seinem Tod zahlreiche Tagebücher, Briefe, Interviews mit ihm selbst oder mit seinen Weggefährten erschienen, die es erlauben, ein detailliertes Bild seiner schillernden und durchaus widersprüchlichen Persönlichkeit zu zeichnen. Daneben geben die Biographien von Annie Cohen-Solal und Ronald Hayman sowie die Arbeit von Bernard-Henri Lévy genaue Aufschlüsse über sein Leben. Simone de Beauvoir, seit den zwanziger Jahren seine ständige Lebensgefährtin, hat in ihren Aufzeichnungen der letzten Lebensjahre Sartres mit dem Titel *Zeremonie des Abschiedes* formuliert: «Während seiner gesamten

Existenz hat Sartre nie aufgehört, sich neu in Frage zu stellen.» (Beauvoir 1983, 11) Über diese unmittelbaren Lebenszeugnisse hinaus hat sie in ihren Memoiren und in mehreren Romanen, die als Schlüsselromane bezeichnet werden können, die Beziehung zu Sartre und dem engeren und weiteren Freundeskreis, auch im Auf und Ab der zahllosen Liebesaffären Sartres, seinen Lebensweg dargestellt.

Geboren am 21. Juni 1905 als Sohn eines Marineoffiziers in Paris, verlor Sartre bereits in seinem zweiten Lebensjahr seinen Vater. Seine Mutter zog mit ihm zu ihren Eltern, wo der Großvater des kleinen Jean-Paul, Charles Schweitzer (ein Onkel von Albert Schweitzer), nunmehr zu einer Art Vaterersatz werden sollte. In seiner Autobiographie hat Sartre, der bis zum zehnten Lebensjahr von seinem Großvater unterrichtet wurde, diese seine Vaterlosigkeit folgendermaßen beschrieben: «Es gibt keine guten Väter, das ist die Regel; die Schuld daran soll man nicht den Menschen geben, sondern dem Band der Vaterschaft, das faul ist. Hätte mein Vater weitergelebt, er hätte mich mit seiner ganzen Länge überragt und dabei erdrückt. Glücklicherweise starb er früh: ich ließ hinter mir einen jungen Toten, der nicht die Zeit hatte, mein Vater zu sein, und heute mein Sohn sein könnte. War es ein Glück oder ein Unglück? Ich weiß es nicht; aber ich stimme gern der Deutung eines bedeutenden Psychoanalytikers zu: Ich habe kein Über-Ich.» (W 12) Auch wenn diese Autobiographie sicher eine Art Zerrspiegel darstellt, in die Sartre als nahezu Sechzigjähriger (sie erschien 1964) weniger Fakten als Deutungen einfließen ließ, um den Mythos einer Begabung durchscheinen zu lassen, die sich gewissermaßen aus sich selbst, aus dem Nichts entwickelte, ist die Bedeutung seiner Kindheit für sein weiteres Leben kaum zu überschätzen.

Aufgewachsen gleichsam als Gast in einer Familie, die von einem autoritären Großvater dominiert wurde, von einer unterwürfigen Mutter verzärtelt, flüchtet der kleine «Poulou» in die Welt der «Wörter», der Bücher, vielleicht nicht zuletzt auf Grund der Fremdheit und Besitzlosigkeit, die sein Leben in der Familie Schweitzer bedeutete. Sein Schielen und sein gestörtes Sehvermögen verdichteten sich noch zu einer Erfahrung seiner Hässlichkeit, als ihm der Großvater die langen mädchenhaften Locken abschneiden ließ: Er hatte vom Friseur «eine Kröte zurückgebracht» (W 60).

Das Imaginäre wird nunmehr zum Aufenthaltsraum des kleinen Poulou, seine Ortlosigkeit und Fremdheit wird in den Entschlüssen

Abb. 1: Poulou mit eineinhalb Jahren.

des Kindes, ein Schriftsteller zu werden, zur Rechtfertigung seiner Existenz, zur Souveränität. In diese Zeit fällt auch der Verlust der Religiosität: Der allgegenwärtige Gott, der den kleinen Jungen überall anblickt und bei seinen verborgenen Missetaten trotzdem sieht, kommt ihm abhanden: «Ich brauchte Gott, man gab ihn mir, ich empfing ihn, ohne zu begreifen, daß ich ihn suchte. Da er in meinem Herzen keine Wurzeln schlug, vegetierte er einige Zeit in mir und starb dann. Spricht man mir heute von Ihm, so sage ich amüsiert und ohne Bedauern wie ein altgewordener Frauenjäger, der eine ehemals schöne Frau trifft: ‹Vor fünfzig Jahren hätte ohne das Mißverständnis, ohne jenen Irrtum, ohne den Zufall, der uns auseinanderbrachte, etwas zwischen uns sein können.› » (W 59)

Mit zehn Jahren besucht Sartre das zu den ruhmreichsten Gymnasien Frankreichs zählende Lycée Henri IV in Paris, in dem er sich zunächst recht wohl fühlt. Durch die Wiederverheiratung seiner Mutter verläßt die Familie 1917 Paris und zieht nach La Rochelle. Sartre sieht in seinem Stiefvater abwechselnd einen Eindringling in das bisherige kleine Paradies, dann aber wieder jemanden, dem er eher gleichgültig gegenübersteht.

Der später ausbrechende Hass gegenüber jedweder Form von Bürgerlichkeit ist zweifellos sowohl auf die Kindheit im Haus Schweitzer wie auch auf seine Jahre in La Rochelle zurückzuführen. Existieren in den Augen der Anderen – diese Grundstimmung hat sich beim heranwachsenden Sartre ebenso herausgebildet wie das Gefühl der Kontingenz, über das er in *Die Wörter* übertrieben und selbstgefällig bemerkt: «Mangels genauer Auskünfte wußte niemand, angefangen bei mir selbst, wozu ich mich eigentlich auf der Erde herumtrieb.» (W 51)

1920 kam Sartre wieder nach Paris und setzte seine Gymnasialjahre fort, wobei sich die Freundschaft mit seinem Schulkameraden Paul Nizan festigte, mit dem er auch einige Jahre später die Ecole Normale Supérieure besuchte. Nizan, der später der Kommunistischen Partei beitrat und im Zweiten Weltkrieg fiel, soll sein einziger wirklicher Freund gewesen sein.

Nach der Absolvierung der Vorbereitungsjahre für die Ecole Normale Supérieure am Lycée Louis le Grand trat Sartre in die genannte Hochschule ein, die im 19. und 20. Jahrhundert das Zentrum zur Rekrutierung der geisteswissenschaftlichen Elite Frankreichs darstellt. In diese Zeit fallen auch seine ersten literarischen Veröffentlichungen, kurze Erzählungen, die bereits um das Problem der Kontingenz kreisen. Seine Studienkollegen an der Ecole Normale waren neben Paul Nizan auch spätere Berühmtheiten wie Raymond Aron und Maurice Merleau-Ponty. 1921 lernte Sartre seine Mitstudentin Simone de Beauvoir kennen. Daraus entwickelte sich eine lebenslange Beziehung, die zunächst im Abschluss eines Paktes bestand, der beiden neben ihrer gegenseitigen Bindung volle Freiheit, zugleich aber auch die völlige Aufrichtigkeit zueinander versprach.

Sartres Ausbildung, die er mit einer Arbeit über die Imagination abschloss, war stark von der rationalistischen klassischen Tradition in Frankreich geprägt, gegen die er aber gleichwohl opponierte. 1929 erhielt Sartre zusammen mit Simone de Beauvoir die «Agrégation», die zum Unterricht an der Oberstufe der Gymnasien berechtigt.

Im November desselben Jahres begann sein 18-monatiger Militärdienst, den er als meteorologischer Beobachter absolvierte. Diese Beschränkung seiner Freiheit sollte in der Rückschau von ihm als einschneidendes Erlebnis gedeutet werden, was ihn aber nicht hinderte, die bohémienhaften Jahre seiner Studentenzeit fortzusetzen.

Sartre hatte sich immer schon mehr zu Frauen als zu Männern hingezogen gefühlt: Zahlreiche Liebesbeziehungen durchziehen sein Leben bis ins hohe Alter. Rückblickend hat er ausdrücklich zugegeben, dass er Diskussionen mit Männern langweilig fände, weil er «geistige

*Abb. 2: Sartre und Simone de Beauvoir in der Wohnung
Rue Bonaparte 42.*

Turnübungen sehr gut auch für [s]ich allein absolvieren» könne
(WS 141). Viele dieser Frauen waren auch mit Simone de Beauvoir
befreundet und bildeten wie Sylvie Le Bon, Bianca Bienenfeld, die
Schwestern Olga und Wanda Kosakiewicz oder später Michelle Vian
jene «famille», die vielleicht für Sartre und auch für de Beauvoir eine
Art Ersatz für ihre eigene nicht gegründete Familie darstellte.

Nach Beendigung der Militärzeit wird Sartre zunächst Gymnasiallehrer in Le Havre, wo er mit der Arbeit am Roman *Der Ekel* beginnt
und zugleich auch seine frühen philosophischen Arbeiten vorbereitet.
Im Jahr 1933 geht Sartre als Stipendiat des Institut Français nach Berlin, wo er auf Anregung von Raymond Aron in erster Linie Edmund
Husserl und später auch Martin Heidegger studiert und sich von der
Machtübernahme durch Hitler in Deutschland zunächst kaum beein-
druckt zeigt.

Nach Frankreich zurückgekehrt, nimmt er zunächst seine Lehrtätig-
keit wieder auf. In diese Zeit fallen Selbstversuche zur Bewusstseinser-
weiterung mit Meskalin, Versuche, die teilweise auch im *Ekel* ihren
Niederschlag fanden. Bald erscheinen seine ersten Erzählungen (1939
unter dem Titel *Die Mauer* zusammengefasst) und die philosophischen

Abb. 3: Sartre während seiner Lehrerzeit in Le Havre.

Arbeiten *Die Imagination* (1936), *Die Transzendenz des Ego* (1937) und die später publizierte *Skizze einer Theorie der Emotionen* (1939) sowie *Das Imaginäre* (1940).

Den eigentlichen Durchbruch erzielt Sartre aber dann mit dem Roman *Der Ekel* (1936), der ursprünglich «Versuch über die Kontingenz» heißen sollte und jene Existenzerfahrung schildert, die Sartres von Husserl übernommene phänomenologische Methode ins Literarische umsetzte, womit auch der Boden für die ontologische Untersuchung *Das Sein und das Nichts* gelegt wurde. Enthusiastisch von der Kritik gefeiert (unter den Rezensenten war unter anderen Albert Camus), begründete dieses Buch Sartres frühen Ruhm. Überhaupt waren jene Jahre äußerst fruchtbar. Sowohl das Grundgerüst von *Das Sein und das*

Nichts wie auch die Romantetralogie *Die Wege zur Freiheit* sind im Entstehen, als Sartre im September 1939 eingezogen wird und zunächst in diesem sogenannten «drôle de guerre» die Zeit in Wartestellung und in der Etappe zubringt. Im Juni 1940 gerät er in deutsche Kriegsgefangenschaft. Rückblickend hat er Krieg und Gefangenschaft als den großen Einschnitt in seinem Leben und in seinen Einstellungen bezeichnet: Der Krieg habe sein Leben sozusagen in zwei Teile geteilt: «Vor dem Krieg verstand ich mich einfach als Individuum, ich sah keinerlei Verbindung zwischen meiner individuellen Existenz und der Gesellschaft, in der ich lebte. Ich war ‹nichts als ein Mensch›, das heißt der Mensch, der sich kraft der Unabhängigkeit seines Denkens der Gesellschaft entgegenstellt, der der Gesellschaft nichts schuldet und über den die Gesellschaft nichts vermag, weil er frei ist. Das alles zerbrach mit einem Schlag, als ich im September 1939 den Einberufungsbefehl bekam. Dort also bin ich vom Individualismus und vom reinen Individuum der Vorkriegszeit zum Sozialen, zum Sozialismus gelangt.» (SP 211 ff.)

Freilich sollte diese Wandlung erst später in Sartres Schriften spürbar werden. Im Kriegsgefangenlager setzte Sartre seine Lektüre Heideggers und sein Schreiben fort. Im Lager wird zu Weihnachten 1940 auch das Drama *Bariona* aufgeführt – eine Art Mysterienspiel, in dem zum Widerstand der Juden gegen die Römer aufgerufen wird.

Mit Hilfe eines falschen Attestes gelingt ihm schließlich die Entlassung, nach anderen Berichten ist es eine Flucht (vgl. hierzu z. B. Lévy 2002, 346 f.). Sartre kehrt nach Paris zurück, wo er neben seiner Arbeit an seinem philosophischen Werk das Theaterstück *Die Fliegen* (1943 uraufgeführt) schreibt und die Widerstandsgruppe «Sozialismus und Freiheit» ins Leben ruft, ohne allerdings aktiv in der Résistance mitzuwirken, was ihm ebenso wie sein zeitweiliges Schweigen zur Deportation jüdischer Mitbürger im nachhinein vorgeworfen wird. Sartres Widerstand beschränkte sich weitgehend auf das Verfassen von Aufrufen und auf Botschaften, die etwa im Theaterstück *Die Fliegen* das Durchringen zur Freiheit propagierten. Er versteht sich eher als «Schriftsteller, der Widerstand leistete, und nicht als Widerstandskämpfer, der schrieb» (Gespräch mit Gerassi; zit. nach Cohen-Solal 1988, 308). In dieser Zeit kam es auch zu persönlichen Begegnungen mit Camus, der die Untergrundzeitschrift *Combat* herausgab. Der Aufruf zur Freiheit, selbst unter den schlimmsten Bedingungen, ist ein

Thema, das nicht allein *Das Sein und das Nichts* von Anfang an durchzieht und prägt, sondern auch im Mittelpunkt der Romantetralogie *Die Wege zur Freiheit* steht, deren erster Band *Zeit der Reife* 1945 erscheint.

Historische Aufmerksamkeit hat 1944 auch jener Abend erregt, an dem das von Pablo Picasso geschriebene Stück *Wie man die Wünsche am Schwanz packt* privat aufgeführt wurde. Nahezu die gesamte Pariser Intelligenzija war anwesend: Georges Bataille, Jacques Lacan, Jean-Louis Barrault, Albert Camus, Michel Leiris, George Braque. Sartre verkörperte dabei die Rolle des «runden Endes» (vgl. Cohen-Solal 1988, 332). Und die Integration in das Pariser Intellektuellenleben begann, eine Integration, die sich in den Jahren nach dem Krieg zu einer immer deutlicher werdenden Führungsrolle Sartres entwickelte. Sartre, der seinen Lehrerberuf aufgegeben hatte, schrieb Filmdrehbücher (*Im Räderwerk*, *Das Spiel ist aus*) und innerhalb weniger Wochen das Theaterstück *Geschlossene Gesellschaft*, bei dessen Uraufführung ursprünglich Camus Regie führen sollte und dessen berühmtester Satz lautet «Die Hölle, das sind die Anderen». Inzwischen waren die Alliierten in der Normandie gelandet und näherten sich Paris, das schließlich im August befreit wurde.

Überzeugt, sich nunmehr in das politische Leben der Nachkriegszeit einschalten zu müssen, gründete Sartre im Herbst 1944 die Zeitschrift *Les temps modernes*. Simone de Beauvoir, Maurice Merleau-Ponty, Raymond Aron und Jean Paulhan sind im Gründungskomitee. Aus ihr wird später eine eigene Partei hervorgehen, das «Rassemblement Democratique Révolutionaire», dem Sartre 1948 bis 1949 angehören wird.

Sartres Ansehen und sein Ruhm verbreiten sich unaufhaltsam. Der Existentialismus wird zum Schlagwort. Sartre, der inzwischen von Camus im Auftrag der Zeitschrift *Combat* mit anderen Journalisten nach Amerika entsandt wurde, wo er Dolores Vanetti kennenlernt, jene Frau, von der Simone de Beauvoir sagen wird, dass sie die gefährlichste Bedrohung ihrer Beziehung zu Sartre gewesen sei (vgl. Rossum 1998, 146), steht im Mittelpunkt der öffentlichen Diskussion. Die populär gehaltenen Vorträge über den Existentialismus, niedergelegt in der Schrift *Der Existentialismus ist ein Humanismus*, treffen auf ein Massenpublikum, der Existentialismus wird zu einer nahezu dominierenden Strömung des kulturellen Lebens im Frankreich nach dem

Zweiten Weltkrieg – sowohl als Lebensstil wie auch in seinen Grundthesen über die Absurdität, Kontingenz und vor allem die Freiheit der menschlichen Existenz. Sartre, der in dieser Zeit unter anderem auch für die Sängerin Juliette Greco Chansons verfasst, der als Schriftsteller omnipräsent scheint, ist aber bereits auf dem Weg zu einer Veränderung seines Denkens: Die ontologisch verankerten Thesen über das Sein und die Existenz des Menschen, die von einem unbändigen Bekenntnis zur Freiheit, zur Individualität und Einsamkeit getragen waren, werden weiter entfaltet und damit verwandelt: Engagement ist nunmehr die Devise, die sowohl die Konzeption der «littérature engagée» wie auch die immer politischer werdenden Äußerungen Sartres in den folgenden Jahren bestimmt. Sie entfernen sich immer weiter von der einsamen Individualität, deren Barrieren stückweise niedergerissen werden.

Bereits der Band *Was ist Literatur?* zeigt eine Veränderung in der Freiheitsauffassung an und definiert die Rolle des Schriftstellers neu: Seine Aufgabe ist es, dem Leser die Welt so zu enthüllen, als hätte sie ihren Ursprung in der Freiheit, und damit an die Freiheit des Lesers zu appellieren. Der Weg von der individuellen Freiheit zur kollektiven Befreiung bahnt sich an.

Mit dem Theaterstück *Die schmutzigen Hände* (1948) wirft Sartre das schwierige Problem der Rolle des Intellektuellen zwischen Freiheit und Parteidisziplin, zwischen Theorie und Handeln auf. Mit den Essays *Materialismus und Revolution* (bereits 1946 veröffentlicht) und *Die Kommunisten und der Friede* (1952) leitet er eine Auseinandersetzung mit dem Marxismus ein, dem er bald in immer deutlicher werdender Sympathie gegenüberzustehen beginnt, auch wenn er sich hier strikt gegen eine Natur- und Geschichtsdialektik im Sinne eines vorgegebenen Gesetzes wendet und die mythologisierte Gestalt des Revolutionärs als Bannerträger der Freiheit verklärt. Diese Jahre des Kalten Krieges, der kommunistischen Machtübernahmen in den östlichen Ländern Mitteleuropas, der Gründung von NATO und Warschauer Pakt lassen ein Engagement des Intellektuellen nicht einfach erscheinen. Sartre arbeitet immer noch an jenen Aufzeichnungen über Moral, die er gegen Ende von *Das Sein und das Nichts* versprochen hatte. Das 1952 uraufgeführte Theaterstück *Der Teufel und der liebe Gott* zeigen die Unmöglichkeit einer sozusagen «reinen» Moral im Getöse des politischen Handelns und dessen Notwendigkeiten. Die inzwischen bekannt gewordenen Moskauer Schauprozesse, die Existenz von Straflagern verschärfen die Spannungen zwischen ihm und Camus sowie Merleau-Ponty. Der von Frankreich geführte Indochinakrieg, der Koreakrieg, die Unabhängigkeitsbestrebungen der Kolonien fordern ihn zu einem immer stärkeren Engagement auf seiten des Kommunismus heraus, das mit den Erklärungen nach seiner Rückkehr von Reisen in die Sowjetunion 1954 einen Höhepunkt erreichte. Die von ihm in Interviews veröffentlichten Äußerungen, dass in der Sowjetunion volle Freiheit der Kritik herrsche, dass die Existenz der Straflager durch den Weg zum Sozialismus zu rechtfertigen sei – Äußerungen, die er später widerrief (vgl. SP 242) – schockierten und provozierten ebenso wie seine Teilnahme am kommunistisch gelenkten Friedenskongreß in Wien 1952 oder die schon genannte Arbeit *Die Kommunisten und der Friede*, in der Sartre unumwunden für die kommunistische Partei Frankreichs Partei nahm.

1952 kam es zum Bruch mit Camus, anlässlich des Erscheinens des Buches *Der Mensch in der Revolte*, in dem Camus jedweden Totalitarismus verurteilte und zugleich die Absolutsetzung der Geschichte durch Hegel und Marx für den Terrorismus und die Gewalt auf dem Feld der Politik verantwortlich machte. Sartre, der anlässlich einer Demonstration gegen den Koreakrieg und der unter fadenscheinigen Gründen erfolgten Festnahme des Kommunistenführers Jacques Duclos in Hassorgien gegenüber dem Bürgertum ausbrach – «Die letzten Bande zerrissen: ein Antikommunist ist ein Hund […]. [I]ch (schwor) der Bourgeoisie einen Haß, der erst mit meinem Leben enden wird» (FW 102) –, ließ zunächst einen seiner Mitarbeiter, Francis Jeanson, Camus' Buch in *Les temps modernes* vernichtend und auch beleidigend rezensieren. Camus' Antwort fiel ebenso scharf aus wie Sartres Replik. In dieses Jahr fällt im übrigen auch ein Besuch bei Martin Heidegger, der für beide Seiten unbefriedigend verlief – der in den Marxismus verstrickte Sartre, der Heidegger in seinen Arbeiten der frühen Dreißigerjahre viel verdankte, hatte Heidegger nun ebenso wenig mitzuteilen wie dieser ihm.

Neben den sich in zahlreichen öffentlichen Auftritten und Polemiken niederschlagenden Tätigkeiten war Sartre unentwegt bemüht, seine Produktion auf dem Gebiet der Literatur und der Literaturkritik fortzusetzen. Das Buch über Jean Genet, *Saint Genet. Komödiant und Märtyrer*, das 1952 erschien und Sartres Ästhetik ebenso wie Frag-

Abb. 4: Sartre auf der Reise.

mente seiner ethisch-moralischen Überlegungen enthält, zeugt gleichermaßen von diesen Bemühungen wie die Theaterstücke *Kean* und *Nekrassov* – sein wohl am meisten prosowjetisch ausgerichtetes Werk. Auch Stalins Tod und der historisch gewordene Parteitag von 1956, an dem Nikita Chruschtschow mit den Sünden des Stalinismus abzurechnen begann, konnten Sartres Engagement nicht bremsen. Dies geschah erst mit der Unterdrückung des Aufstandes in Ungarn 1956, anlässlich dessen Sartre mehrere dialektische Kunststücke vollbrachte, um die Intervention der Sowjetunion einerseits zu verurteilen, andererseits nicht mit dem Marxismus zu brechen. Nicht allein diese lavierende, von einem Zickzackkurs bestimmte Haltung führte zum Bruch auch mit seinem einstigen Weggefährten, Maurice Merleau-Ponty, dem Verfasser der *Phänomenologie der Wahrnehmung*, der sich in diesen Jahren zunehmend vom Kommunismus distanzierte und schließlich Sartre als «Ultra-Bolschewisten» bezeichnete.

Gleichzeitig mit einer Reise nach China im Jahr 1955 begann Sartre in *Les temps modernes* eine Kampagne gegen die Unterdrückung der Aufstände in Algerien. Er tritt in den darauf folgenden Jahren des Unabhängigkeitskrieges, der erst 1962 durch de Gaulle beendet wird, für die algerische Befreiungsfront ein, was ihm von seiten der rechtsgerichteten OAS («Organisation de l'Armée Secrète»), die für ein französisches Algerien eintritt, zwei Bombenattentate auf seine Wohnung einbringt, denen er unverletzt entgeht. Nach der Unterzeichnung des «Manifestes der 121», das alle bedeutenden Linksintellektuellen Frankreichs unterschrieben hatten und das das Recht des Ungehorsams im Algerienkrieg propagierte, wurde er nicht, wie angenommen, verhaftet, sondern an der Grenze vom Zollbeamten um ein Autogramm gebeten. De Gaulles angebliches Wort «Einen Voltaire verhaftet man nicht» zeugt ebenso wie die bei einer Demonstration der Rechten skandierte Parole «Erschießt Jean-Paul Sartre» von der nahezu unglaublichen Bedeutung, die die Gestalt Sartres zu dieser Zeit in Frankreich eingenommen hatte.

Sartre, der sich unentwegt gegen den Kolonialismus und auf seiten der Unterdrückten engagiert, besucht 1960 Kuba und wird von Fidel Castro und Che Guevara wie eine Art Botschafter des intellektuellen Frankreich empfangen. Selbstverständlich preist er nach seiner Rückkehr in ebenso hohen Tönen wie zuvor die Errungenschaften der Sowjetunion nun das Regime Castros. In seinem 1961 erschienenen Vorwort zum Buch *Die Verdammten dieser Erde* von Frantz Fanon, einem Arzt aus Martinique, wird die Gewalt als berechtigtes Mittel des Kampfes gegen den Kolonialismus gepriesen. Daneben schreibt Sartre unentwegt an seinem zweiten großen Hauptwerk, der *Kritik der dialektischen Vernunft*, die 1960 erscheint und den Marxismus als «die Philosophie unserer Epoche» (ME 27) propagiert.

In dieser Arbeit sieht Sartre das Problem der Freiheit differenzierter und erteilt dem Individualismus seiner frühen Jahre eine entschiedene Absage. Materie und Geschichte sind nunmehr die Pole, innerhalb derer er weiterhin den unerbittlich verfolgten Freiheitsappell einbringt. Damit verbindet er eine Kritik am erstarrten «Herrschaftsmarxismus»,

Abb. 5: Sartre und Simone de Beauvoir mit Fidel Castro auf Kuba.

der die Dialektik nicht in der menschlichen Praxis, sondern in einer übergeordneten Idee ansiedelt.

Dass Sartre daneben noch Zeit aufbringen kann, um sich unentwegt an Demonstrationen zu beteiligen, Manifeste zu unterzeichnen, neue Liebesbeziehungen einzugehen (wie die zur später von ihm adoptierten Arlette Elkaim oder zu Liliane Siegel) ist ebenso erstaunlich wie seine unentwegte Arbeit an literarischen Manuskripten. 1963 erscheint seine Autobiographie *Die Wörter*, die ebenso viel Aufsehen erregt wie die Zurückweisung des ein Jahr später an ihn verliehenen Nobelpreises. Die Begründung ist zwiespältig und auch auf mannigfachste Weise kommentiert worden: Sartre macht persönliche wie objektive Gründe geltend, hinter denen man sowohl die Angst vor einer Art Einbalsamierung bei lebendigem Leib als auch die Diskrepanz zwischen seinen Angriffen auf alles Bürgerliche und diesem «bürgerlichen», für humanistische Tendenzen verliehenen Preis vermutete (vgl. dazu Cohen-Solal 1988, 670 ff.; Hayman 1988, 577 f.). Dass die Zurückweisung Sartre noch populärer machte als eine Annahme des Preises, mag eine Unterstellung sein. Sie hat sich jedenfalls, wie die darauf folgenden Diskussionen auf weltweiter Ebene zeigten, bewahrheitet. Sartre ist

Abb. 6: Sartre spricht im Mai 1968 in der Sorbonne.

auf der Höhe seines Ruhmes, er ist zum «Unberührbaren» geworden (Cohen-Solal 1988, 632).

Obwohl sich inzwischen mit dem Aufkommen des Strukturalismus in den sechziger Jahren eine Gegenströmung in der französischen philosophischen und intellektuellen Szene anbahnt, sind Sartres weitgespannte Aktivitäten ungebrochen. Neben seiner Tätigkeit auf öffentlichem und politischem Gebiet, die ihm 1967 den Vorsitz des «Russell-Tribunals» einbrachte, eines gegen den Vietnamkrieg der USA auf Initiative von Sir Bertrand Russell eingerichteten Intellektuellenforums, arbeitet er an der Biographie über Flaubert, die nahezu monströse Ausmaße annehmen wird und deren erste Bände 1971 erscheinen. Das inzwischen in Anknüpfung an die *Kritik der dialektischen Vernunft* erarbeitete sogenannte «regressiv-progressive» Verfahren soll in einer Vermengung hermeneutischer, psychoanalytischer, struk-

Abb. 7: Sartre ist als Herausgeber von «La cause du peuple» in den Justizpalast vorgeladen worden.

Abb. 8: Sartre spricht vor Renault-Arbeitern in Boulogne-Billancourt.

tureller, soziologischer und historischer Methoden am Beispiel Flaubert die nahezu hybrid anmutende Frage beantworten, was man von einem Menschen wissen könne, und jene strukturelle Anthropologie

Abb. 9: Sartre und Daniel Cohn-Bendit in Stuttgart.

entfalten, die für Sartre eine Verbindung von Individuellem und Allgemeinem aufzuzeigen vermag.

Als, nicht zuletzt ausgelöst durch die in den USA selbst entstandenen Studentenproteste gegen den Vietnamkrieg, in den die USA seit 1965 verwickelt waren, im Mai 1968 auch in Frankreich die studentische Revolution losbrach, stellte sich Sartre vorbehaltlos auf die Seite der Studenten. In zahlreichen Interviews, Aufrufen und Vorträgen wies er auf die Bedeutung dieser Bewegung hin, die auf ihrem Höhepunkt einen Generalstreik entfachte, der Frankreich tatsächlich zu erschüttern schien. Die studentische Bewegung drückte für ihn jene Forderung nach einer gegenseitigen Anerkennung der Freiheit und Souveränität aus, die er selbst in den vorangegangenen Jahren immer wieder gestellt hatte, die Verbindung von Sozialismus und Freiheit. Darüber hinaus verwies er auf die Notwendigkeit einer

Demokratisierung der Universität, die nicht Eliten hervorbringen solle, sondern ein kritisch reflexives Potential, um damit Kultur allen näherbringen zu können. Freilich blieb dieses Engagement nach einer kurzen Phase der Begeisterung für Sartre eher einseitig: Nicht Theorie, sondern praktische revolutionäre Aktion wurde gefordert. Kennzeichnend dafür ist der Auftritt Sartres vor den Studenten nach Abebben der ersten erfolgreichen Protestaktionen: «Sartre, fasse Dich kurz» stand auf einem Zettel, der auf dem Rednerpult hinterlegt worden war.

Sicher wäre es verfehlt, Sartre als einen der «geistigen Väter» des Mai 1968 bezeichnen zu wollen – sein Einfluss war um diese Zeit bereits von anderen überholt worden: Herbert Marcuse, die Kritische Theorie, der strukturalistische Marxismus eines Althusser oder die Epistemologie Michel Foucaults lagen der studentischen Bewegung näher. Immerhin ließ er sich aber von maoistisch orientierten Gruppen vereinnahmen und übernahm die Herausgabe verbotener, weil zur offenen Gewalt gegen den Staat aufrufender Zeitungen wie *La cause du peuple*, sprach vor den Arbeitern der Renault-Werke und pries offen die Gewalt, sobald sie «*Volksgewalt*» sei. (IR 77)

Noch einmal erregt er internationales Aufsehen und einen Skandal, als er, in Begleitung des Studentenführers Daniel Cohn-Bendit, den Führer der deutschen terroristischen RAF-Bewegung, Andreas Baader, in Stuttgart – Stammheim im Gefängnis aufsucht, um gegen dessen Haftbedingungen zu protestieren. Inzwischen ist sein politischer Blick allerdings differenzierter geworden: Er bricht mit Fidel Castro, protestiert gegen die Niederschlagung des Prager Frühlings 1968 und setzt sich für die vietnamesischen Boat people ebenso ein wie für den Friedensplan Muhammad Anwar As Sadats bezüglich des Konfliktes zwischen Israel und Palästina.

1972 erscheint der dritte Band seiner Flaubert-Biographie *L'idiot de la famille*, die ebenso unvollendet geblieben ist wie viele andere Werke Sartres. Sartres Gesundheitszustand verschlechtert sich nun zusehends: 1973 erblindet er und beginnt, sehr zum Ärger seiner alten «famille», eine Zusammenarbeit mit dem ehemaligen Maoisten jüdischer Herkunft Benny Lévy, der ihm den Talmud näher bringt. Unter dem Titel *Hoffnung jetzt* erscheinen Auszüge dieser Gespräche, die eine neuerliche Konversion Sartres andeuten: zu einer Moral des Wir, die auf Solidarität und Liebe aufbaut und der Gewalt abschwört. Der

Abb. 10: 19. April 1980: Sartres Beisetzung.

Kreis um Simone de Beauvoir sieht darin die Manipulation eines alten und kranken Sartre und protestiert wütend.

Am 15. April 1980 stirbt Sartre. Seine letzte Lebenszeit ist von Simone de Beauvoir in *Zeremonie des Abschieds* in erschütternder Weise dargestellt worden. Sein Tod erregte weltweite Aufmerksamkeit. Man würdigte ihn als einen der großen Geister unserer Zeit, als einen der wenigen wirklich freien Menschen unserer Epoche. Selbst der Osservatore Romana sprach vom Verlust einer der bekanntesten und umstrittensten Figuren der europäischen Intellegenzija (vgl. Cohen-Solal 1988, 776), keine Zeitschrift von Rang ließ seinen Tod unkommentiert.

Die Menschenmenge, die ihn auf seinem letzten Weg begleitete, war wohl eine der überzeugendsten und zugleich seltsamsten Kundgebungen für die Macht, die von seinem Denken ausging.

II. Werk

1. Der Existentialismus

«[D]er Mensch ist nichts anderes als das, wozu er sich macht.» (EH 120f.) Dieser Satz aus dem Vortrag *Der Existentialismus ist ein Humanismus* fasst gewissermaßen das Credo des Existentialismus zusammen, ebenso wie ein weiterer Satz: «[D]er Mensch ist dazu verurteilt, frei zu sein.» (EH 125)

Sartre ist zur Zeit der Veröffentlichung dieses Vortrags fast mit einem Schlag in das Licht der Öffentlichkeit getreten. Nach dem Erscheinen von *La Nausée* (1938) und seinen philosophischen Arbeiten über das Bewusstsein und das Imaginäre sowie über eine Theorie der Emotionen ist 1943 auch *Das Sein und das Nichts* herausgekommen. Die Theaterstücke *Die Fliegen* und *Geschlossene Gesellschaft* wurden uraufgeführt, die Existentialismuswelle ergreift Paris, Frankreich, Europa und bald auch die ganze Welt. Sartre steht am Beginn eines öffentlichen Interesses, das weit über ein kulturell oder intellektuell interessiertes Publikum hinausgeht. Er selbst bezeichnet den Existentialismus als eine nüchterne Lehre, die ausdrücklich «für Fachleute und Philosophen bestimmt» sei (EH 119), was überzogen anmutet, denn die Auseinandersetzung um den Existentialismus erfasste nahezu sämtliche Bereiche des öffentlichen kulturellen Lebens – weit über eine akademische Diskussion hinaus.

Vor allem von seiten marxistischer Kritiker und solcher aus dem christlichen Lager scheute man nicht davor zurück, vor dem Existentialismus als einer gefährlichen, halb anarchistischen, halb anstößigen und skandalösen Doktrin zu warnen. Existentialismus stand bald für einen Lebensstil, für eine Provokation oder eine gefährliche geistige Seuche, vor der es sich zu wappnen galt. Nicht zufällig ist Sartre auch die Ehre widerfahren, schon bald (1948) auf den Index der vom Vatikan verbotenen Bücher gesetzt zu werden. Die Vielfalt seiner Ausdrucksformen, vom philosophischen Essay bis zu Theaterstücken, die alle Schaffensperioden auszeichnete, trug ein übriges dazu bei, den gelegentlich in Hysterie umschlagenden Wirbel um ihn und die sogenannte «famille» – seine Freunde, Freundinnen und Weggefährten – zu verstärken.

Dem Existentialismus heute gelassener gegenüberstehend, kann man sich mit Recht fragen, aus welchen wohl auch kulturgeschichtlichen Gründen der Existentialismus nicht bloß als philosophische Richtung, sondern als ein kulturelles Phänomen die Jahre nach dem Zweiten Weltkrieg dominierte. Er entspringt aus einer Strömung, die man im allgemeinen unter dem Titel der Existenzphilosophie zusammenfasst und stellt sicher eine der markantesten und auch provokantesten Ausprägungen dar. Entstanden aus einer Gegenstellung zur Wesensmetaphysik der Neuzeit, ließe sich der Stammbaum existenzphilosophischen Denkens weit zurückverfolgen. Ein wichtiger Repräsentant ist Sören Kierkegaard, der ausdrücklich im Namen der Existenz des Einzelnen sein aus dem Glauben kommendes Denken als existentielles Denken verstand und gegen die allgemeine Geistphilosophie des Deutschen Idealismus den Einzelnen und sein Existieren betonte. Gewiss spielt auch die Philosophie Nietzsches für die weitere Entwicklung dieser Denkrichtung keine geringe Rolle, ebenso wie lebensphilosophische Anstöße (Wilhelm Dilthey, Henri Bergson). Existenzphilosophie, sofern diese Sammelbezeichnung akzeptiert werden kann, positioniert sich in mehrfacher Frontstellung: als postmetaphysisches Denken gegen die Tradition der abendländischen Metaphysik, als subjekt- und existenzbezogenes Denken gegen den wissenschaftsbezogenen Positivismus und die analytische Philosophie, aber auch gegen den sich zu einer Ideologie verfestigenden Marxismus.

Auch wenn Karl Jaspers und Martin Heidegger im allgemeinen zur Existenzphilosophie gerechnet werden, ist deren Haltung gegenüber dieser Etikettierung keineswegs eindeutig: Während Jaspers mit seinem Unternehmen der Existenzerhellung durchaus dieses existentielle Denken in den Mittelpunkt seines Philosophierens rückt, verwahrt sich Heidegger, für den der Begriff «Existenz» in *Sein und Zeit* bekanntlich eine große Rolle spielt, gegen diese Vereinnahmung, nicht zuletzt aus der Perspektive der von ihm entfalteten Fundamentalontologie. Der Einfluss der Phänomenologie Husserls durchzieht die Existenzphilosophie ebenso wie derjenige der Hermeneutik, wobei der Paradigmenwechsel philosophischen Fragens bereits in den zwanziger Jahren des vergangenen Jahrhunderts spürbar wird. Auch der christlich orientierte existentielle Denkansatz Gabriel Marcels, der französische Personalismus Emmanuel Mouniers oder die Dialogphilosophie eines Martin Buber, Ferdinand Ebner oder Franz Rosenzweig reihen sich in dieses Bemühen um die Frage nach der Wirklichkeit menschlicher Existenz hier ein. Die Frage nach dem Sinn menschlichen Existierens, mehr oder weniger deutlich und systematisch an die Frage nach dem Sein und damit an das Verhältnis des Menschen zu dem, was ist, gebunden, vereint diese durchaus differierenden Denkpositionen, wobei ebenso Fragen unserer Lebenswelt in den Mittelpunkt gerückt werden wie unmittelbare existentielle Probleme wie Freiheit, Gewissen, Angst, Schuld, Tod und Sinn. Gerade dies machte auch die Existenzphilosophie als kulturelles Phänomen nach dem Zweiten Weltkrieg besonders attraktiv: Versuchte sie doch in einer Art Weltanschauung einen Deutungsanspruch zu entwickeln, der den Menschen, die Welt und die Wirklichkeit umfasst.

Das der Philosophie Sartres im übrigen von dem bekennenden Katholiken Gabriel Marcel zuerkannte Etikett «Existentialismus» wurde von Sartre schließlich akzeptiert, womit er sich an die Speerspitze dieser Denkrichtung katapultierte und seine eigene, viele Elemente des existentiellen Denkens implizierende und zuspitzende Position weit über die Fachphilosophie hinaus zur beherrschenden wurde. Es ist insofern auch keine Übertreibung, wenn die Jahre zwischen 1945 und 1956 als «Die Sartre-Jahre» bezeichnet werden (Cohen-Solal 1988, 387).

Mit Sartres phänomenologischer Ontologie in *Das Sein und das Nichts*, vor allem aber mit der bereits im Roman *Der Ekel* beschriebenen Existenzerfahrung erhält die in der Existenzphilosophie angelegte Gegnerschaft zu einer traditionellen Wesensmetaphysik eine neue Nuance und Aktualität. Denn für Sartre ist der Vorrang der Existenz vor jedweder Wesensbestimmung des Menschen unmittelbar mit einem Bekenntnis zum Atheismus verknüpft: «[W]enn Gott nicht existiert, so gibt es zumindest ein Wesen, bei dem die Existenz der Essenz vorausgeht, ein Wesen, das existiert, bevor es durch irgendeinen Begriff definiert werden kann, und dieses Wesen ist der Mensch.» (EH 120)

Zugleich liegt aber für Sartre gerade in dem Vorrang der Existenz die menschliche Freiheit begründet. Denn nur ein solches Wesen vermag frei zu sein. Und eben diese Freiheit wird Sartre nicht müde, unablässig zu betonen: «Die menschliche Freiheit geht dem Wesen des Menschen voraus und macht dieses möglich, das Wesen des menschlichen Seins steht in seiner Freiheit aus. Der Mensch ist keineswegs *zunächst*, um *dann* frei zu sein, sondern es gibt keinen Unterschied zwischen dem Sein des Menschen und seinem ‹*Frei-sein*›.» (SN 84)

Deshalb kann Sartre auch in seinem Vortrag über den Existentialismus formulieren: «[D]er Mensch ist dazu verurteilt, frei zu sein. Verurteilt, weil er sich nicht selbst erschaffen hat, und dennoch frei, weil er, einmal in die Welt geworfen, für all das verantwortlich ist, was er tut.» (EH 125) Freiheit und Geworfenheit, Entwurf und Faktizität sind in unserer Existenz untrennbar miteinander verklammert und machen für Sartre zugleich auch die Rechtfertigungslosigkeit unseres Daseins aus, ohne uns damit aus der Verantwortlichkeit zu entlassen. Denn diese Verantwortlichkeit verschärft sich nach Sartre, da es keinerlei präformierte Werte oder Orientierungen mehr gibt; der Mensch ist in seiner Freiheit dazu genötigt, sich selbst zu erfinden, wie Sartre sich etwas übertrieben ausdrückt. Alle Entschuldigungen und Ausflüchte fallen weg, wir sind an dieses Ineinander von Kontingenz und Freiheit gebunden, und der einzige Maßstab unseres Handelns ist diese Freiheit als solche.

Sartres Lieblingsgegner, der «Geist der Ernsthaftigkeit», der diese Freiheit nicht wahrhaben will, und die Gruppe jener, die die Kontingenz, die Grundlosigkeit der Existenz sich verhüllen, tauchen in diesem Zusammenhang ebenso auf wie die Parallele zum Schöpfungsakt der Kunst: «[D]ie moralische Wahl ist mit der Erschaffung eines Kunstwerkes vergleichbar.» (EH 136)

Auch wenn vieles in dieser Schrift plakativ und wenig argumentierend ausfällt, lassen sich sowohl Sartres bisheriger Denkweg wie auch Andeutungen der weiteren Entwicklungen ablesen: Das Bejahen der Freiheit, das Sichdurchringen zur freien Tat, wie es bereits im Drama *Die Fliegen* dargestellt worden war, wird ebenso betont wie die Anerkennung der Freiheit des Anderen, die für Sartre in den nächsten Jahrzehnten zu einer Grundlage seines revolutionären Engagements werden wird.

Nicht zuletzt reklamiert Sartre für den Existentialismus auch den Titel «Humanismus» mit einer Begründung, die sich sowohl von den bisherigen humanistischen Konzepten entfernt wie auch den Ausgang Sartres von einer subjektivistischen Bewusstseinsphilosophie noch unterstreicht. Der sich im Entwurf ständig überschreitende, transzendierende Mensch enthält beides: Subjektivität und Transzendenz, und deutet damit einen Humanismus an, der den Menschen daran erinnert, «daß es keinen anderen Gesetzgeber als ihn selbst gibt, und daß er in der Verlassenheit über sich selbst entscheidet» (EH 142). Ebendieser Humanismus unterscheidet sich, wie bereits erwähnt, sehr wohl von jenem der traditionellen Metaphysik. Nicht das Pochen auf ein «Wesen» des Menschen, auf seine Würde und Einzigartigkeit, auch nicht das Appellieren an Humanität kennzeichnet Sartres Humanismus, sondern die Freiheit.

So kann man etwa mit Bernard-Henri Lévy aus der Perspektive des Antihumanismus strukturaler und psychoanalytischer Provenienz Sartres Existentialismus sogar als «die erste Manifestation des zeitgenössischen Antihumanismus» bezeichnen (Lévy 2002, 230) und ihn durchaus auf eine Stufe mit dem Antihumanismus eines Michel Foucault, Louis Althusser oder Gilles Deleuze stellen. Vor allem Sartres Subjekttheorie, so Lévy, widerrufe die Metaphysik des Humanismus aufs radikalste, so wie Sartre auch in *Der Ekel* eine scharfe Persiflage auf den traditionellen Humanismus geliefert habe. Aber auch hier – wie Lévy im übrigen einräumt – zeigt sich Sartre bereits ambivalent: Wenn der Titel «Humanismus» Sinn machen soll, dann zweifellos ausschließlich darin, dass Sartre jedwede Rückbeziehung auf eine göttliche oder auch transzendentalphilosophisch postulierte höhere Macht über den Menschen zurückweist. Jahre später, 1975, wird Sartre gerade in Hinblick auf die Freiheit formulieren: «Entweder geht der Mensch unter – dann wird man nur sagen können: in den zwanzigtausend Jahren, seit es Menschen gibt, haben einige vergeblich versucht, den Menschen zu erschaffen –, oder die Revolution gelingt und erschafft den Menschen, indem sie die Freiheit verwirklicht.» (SP 241)

Indiz für diese Form des «Antihumanismus» ist nicht zuletzt auch die empfindliche Abwehrreaktion, mit der Vertreter einer festgefügten Wertordnung, sei diese nun christlicher, aufklärerischer oder marxistischer Provenienz, auf diese programmatischen Erklärungen reagierten.

Sicherlich geht die «Existentialismusschrift» nicht argumentativ vor. Ihre plakativen Thesen, die sie gleichsam zu einer Programmschrift machten, basieren auf der phänomenologischen Ontologie, wie Sartre sie in *Das Sein und das Nichts* dargelegt hatte, beziehungsweise auf den vorausgegangenen phänomenologischen Arbeiten. Ebenso wichtig für das Verständnis seiner Hauptthesen ist aber auch jene

Existenzerfahrung, die er in seinem frühen Roman *Der Ekel* beschrieben hatte.

2. Die philosophische und literarische Frühphase

2.1 Das Bewusstsein als Ursprung der Freiheit

Sartres Beschäftigung mit dem philosophischen Problem der Kontingenz geht auf seine Studienzeit an der Ecole Normale zurück und intensiviert sich während der Entstehungszeit von *Der Ekel*, dessen erste Fassung ja auch *Factum über die Kontingenz* lautete.

Zwischen Literatur und Philosophie schwankend, soll er eines Abends im Café in Begleitung Simone de Beauvoirs von seinem Studienkollegen Raymond Aron, der eben von einem Studienaufenthalt in Berlin zurückgekehrt war, mit Husserls Phänomenologie bekannt gemacht worden sein. Die Phänomenologie, so Aron, könne über das vor ihm stehende Glas Aprikosencocktail ebenso reden wie über abstrakte Begriffe. Sartre, verstrickt in seine Überlegungen zur Kontingenz, stürzt sich auf die Lektüre Husserls, dessen Konzeption von der Intentionalität des Bewusstseins ihn fasziniert. Er sieht in der Phänomenologie und ihrer Maxime «zu den Sachen selbst» eine Zugangsweise zur Wirklichkeit jenseits von Idealismus und Realismus. Damit war für Sartre dem Bewusstsein und den Dingen außerhalb des Bewusstseins ihr Eigengewicht gleichsam wiedergegeben (vgl. dazu IPhH, 34). Auch wenn sich bereits, wohl unter dem Einfluss Heideggers, eine ontologische Problematik, nämlich die Frage nach der Seinsweise des Bewusstseins abzeichnet, sind die Schriften dieser Periode (*Die Transzendenz des Ego*, *Skizze einer Theorie der Emotionen*, *Die Imagination*) Arbeiten über die phänomenologische Psychologie, in denen allerdings bald Kritik an und Distanz zu Husserl deutlich wird.

In *Die Transzendenz des Ego* vertritt Sartre pointiert die These, dass das Ich kein «Bewohner» des Bewusstseins sei, sondern transzendent, so wie die Dinge oder das Ich der Anderen der Welt zugehörig. Unter Beibehaltung der Auffassung, dass jedes Bewusstsein immer Bewusstsein von etwas sei, betont er bereits die im Bewusstsein selbst auftretende Differenz, die sich daraus ergibt, dass es auf ein Sein ausgerichtet ist, das es nicht ist. Das von Husserl verfochtene transzendentale Ego hält Sartre für überflüssig. Zwar konzediert er dem Ich eine Sonderstellung, hält aber dennoch fest, dass dieses Ich «ein uneingeschränkt zugleich mit der Welt Existierendes» ist (TE 90).

Durch den Wegfall jedweder materialen oder formalen Präsenz des Ego im Bewusstsein erhält dieses seine Leichtigkeit und Transparenz, wobei das Ich erst durch einen Reflexionsakt ins Bewusstsein tritt. Hier ist im Ansatz bereits die Theorie des präreflexiven Cogito vorgezeichnet, die Sartre dann in *Das Sein und das Nichts* weiterentfalten wird. Das unmittelbare Bewusstsein, das Sartre auch als nicht-reflektierendes Bewusstsein bezeichnet, muss vom reflektierenden Bewusstsein unterschieden werden, das sich selbst als Gegenstand setzt. Denn ein so verstandenes Bewusstsein ist sowohl ein Nichts, weil alle Objekte, Werte und Wahrheiten außerhalb seiner liegen, als auch Alles, weil es eben Bewusstsein all dessen ist. Damit aber verliert das Ich zugleich seine Vorzugsstellung: Es ist «nicht gewisser als das Ich anderer Menschen», «nur intimer», wie Sartre sich ausdrückt (TE 90). Das Feld jener unpersönlichen, gleichwohl aber individuierten Spontaneität eröffnet sich, das, was für Sartre schließlich zur Grundlage einer ständigen «creatio ex nihilo» ebenso wie der Freiheit wird (vgl. TE 86 f.). Sowohl der Gedanke des Vorrangs der Existenz vor der Essenz wie auch derjenige der Kontingenz sind hier vorgebildet: Ein reines Bewusstsein, so Sartre, ist ein Absolutum, «ganz einfach weil es Bewußtsein von sich selbst ist» (TE 46). Daraus lässt sich nach Sartre auch eine Art Selbstschöpfung des Bewusstseins ableiten, «es ist ganz einfach eine erste Bedingung und eine absolute Quelle für Existenz» (TE 92).

Gewissermaßen als Nebenprodukt lässt sich diese phänomenologische Bewusstseinstheorie auch als eine Kritik am Begriff des Unbewussten innerhalb der Psychoanalyse verstehen. Die – ursprünglich in einem unvollständig gebliebenen Werk von 400 Seiten mit dem Titel *Die Psyche* enthaltene – *Skizze einer Theorie der Emotionen* steht ebenfalls ganz im Banne der Husserlschen Phänomenologie und entfaltet nach einer Kritik der Psychologie als bloßer Tatsachenwissenschaft eine methodische Synthese des Husserlschen Versuches, Emotion als reines transzendentales Phänomen zu untersuchen, mit der Existenzweise des Menschen im Sinne Heideggers. Der für Heidegger grundsätzliche Begriff des «Daseins», von Sartre im Anschluß an Corbin später mit «réalité humaine» übersetzt und umgedeutet, taucht hier im übrigen zum ersten Mal auf (STE 262) und wird von

Sartre über eine Hermeneutik des Daseins als Grundlage einer Anthropologie ausgelegt, die ihrerseits der Psychologie als Basis dienen soll.

Rückblickend hat Sartre diese Abwendung von Husserl und die Transformation der phänomenologischen Einstellung durch Heidegger mit der zunehmenden Entwicklung Husserls zum Idealismus begründet: «Woraufhin ich, ermutigt, meine Ideen darzulegen versuchte und im Herbst 1937 ein dickes Buch begann, *La psyché*. Ich schrieb vierhundert Seiten in drei Monaten voller Begeisterung und dann häuften sich nach und nach die Schwierigkeiten, ohne daß ich es recht merkte, ein immer tieferer Graben trennte mich von Husserl: seine Philosophie entwickelte sich im Grunde zum Idealismus und seine Widerlegung des Solipsismus war wenig schlüssig und kümmerlich. Sicherlich wandte ich mich Heidegger zu, um aus dieser Husserlschen Sackgasse herauszukommen.» (TB 268 f.)

Die Emotion als eine bestimmte Art der Welterfahrung und Welterfassung versteht Sartre letztlich als eine magische Transformation der Welt, die sich vom rationalen Weltverhalten unterscheidet, wie es gewissermaßen instrumental auf die Dinge einwirkt. Die Emotion wird darum, durchaus im Banne von Heideggers Gestimmtheit, zu einem «Existenzmodus des Bewußtseins» (STE 316), wobei Sartre diese Welt des Magischen auch als Alternative zur determinierten Welt des Umgangs mit den Dingen sieht. Bereits hier taucht die Synthese von Spontaneität und Passivität auf, die für die Bewusstseinsstruktur der späteren Arbeiten maßgeblich sein wird, schon hier zeigt sich die Bedeutung des «Magischen» für die zwischenmenschliche Beziehung, wenn Sartre gerade diese «inerte Aktivität» als die Form der Erscheinung des Anderen bezeichnet (STE 311). Später wird Sartre aus der Fülle der Emotionen vor allem die Angst herausgreifen.

In den beiden Arbeiten über die Imagination und das Imaginäre stehen das Fiktive und das Bild im Mittelpunkt. Hier geht Sartre von zwei Existenzweisen aus, die das Grundgerüst von *Das Sein und das Nichts* bilden werden: dem An-sich-Sein der Dinge und dem Für-sich-Sein des Bewusstseins. Die Trägheit, das Inerte des An-sich-Seins und die reine Spontaneität des Für-sich-Seins stehen einander gegenüber. Im Bild sieht Sartre nun eine Art geborgte Existenz, eine ontologische Mischform, die sich selbst wiederum mit Hilfe des Begriffes der Intentionalität erläutern lässt. In langen Kommentaren zu Husserls Überlegungen in den *Ideen* und unter Berufung auf das berühmte Beispiel vom Kentauren kommt hier in der phänomenologischen Beschreibung an entscheidender Stelle das Nichts ins Spiel.

Das Bild (image) kennzeichnet Sartre in vierfacher Hinsicht: als Bewusstsein von einem bestimmten Objekt, als Gegenstand einer Quasi-Beobachtung, als ein Nichts sowie als Abwesenheit und als schöpferische Spontaneität. Entscheidend ist hiebei, dass die Imagination sich als eine konstitutive Form des Bewusstseins erweist und dass der imaginative Akt zugleich «*konstituierend, isolierend* und *nichtend*» ist (I 285). Wohl differenziert Sartre hier noch nicht zwischen der Nichtexistenz (wie etwa des Kentauren), der Abwesenheit (wie bei einer bestimmten Person) und dem Noch-nicht (wie etwa der imaginierten Zukunft), doch kristallisiert sich bereits klar heraus, dass die Nichtung der «realen» Welt die Grundlage der Freiheit des Bewusstseins ist.

Man hat die Bedeutung dieser frühen Schriften mittlerweile sehr hoch einzuschätzen begonnen, da sie nicht allein die methodologische Basis von *Das Sein und das Nichts* darstellen, sondern auch in vielen Ansätzen auf die *Kritik der dialektischen Vernunft* verweisen. Darüber hinaus bilden sie die Basis für die Studien und Monographien Sartres zu Jean Genet, Charles Baudelaire, Stéphane Mallarmé und Gustave Flaubert. Sie beleuchten aber auch die zwiespältige Haltung Sartres zur Phänomenologie, die sich allmählich zu einer Ontologie wandelt. Denn einerseits wird Husserls Phänomenologie von ihm als eine Abkehr von der idealistischen Philosophie und mithin als eine Anerkennung des Seins der Dinge und der Welt begrüßt, andererseits erscheint das Bewusstsein gerade als eine Negation der Welt, die sich ihr gewissermaßen entzieht.

Sartre schwankt zu dieser Zeit zwischen literarischer und philosophischer Produktion, wie seine Tagebücher und autobiographischen Schriften ebenso zeigen wie die Aufzeichnungen und Erinnerungen von Simone de Beauvoir. Aber anstelle einer Alternative: Philosophie *oder* Literatur ist Sartre nicht nur in diesen Jahren der Devise treugeblieben: Philosophie *und* Literatur. Deshalb ist es auch müßig, darüber befinden zu wollen, ob Sartres Romane und Dramen eine Illustration seiner philosophischen Gedanken bedeuten, oder ob die darin ausgedrückten Erfahrungen umgekehrt auf seine Philosophie zurückwirkten. Sartres nächste größere Arbeit jedenfalls besteht in einem Roman, der nach vierjähriger Vorbereitung schließlich 1938 erscheint und erneut die sein Denken kennzeichnenden Interferenzen zwischen Philosophie, Literatur und Ästhetik beleuchtet. Denn dieser Roman lässt sich weder als Thesenroman noch als ein von einem philosophischen Grundgerüst abgekoppeltes Produkt künstlerisch-literarischer Imagination zureichend interpretieren.

2.2 Die Erfahrung der Existenz (La Nausée)

In dem Roman *Der Ekel* werden die Tagebuchaufzeichnungen des Historikers Antoine Roquentin nachgezeichnet, der in einer nordfranzösischen Kleinstadt – Vorbild ist Le Havre, wo Sartre zwei Jahre lang Gymnasiallehrer für Philosophie war – an einer Biographie über einen Diplomaten arbeitet. Dabei gelingt Sartre der dichteste Ausdruck eines existentiellen Lebensgefühls, das um die Kontingenz, Absurdität und Überflüssigkeit der Existenz kreist.

Der Protagonist des Romans macht die Erfahrung dieser Existenz in unabweisbarer Eindringlichkeit, ähnlich einem Offenbarungserlebnis. Die Feststellung einer Veränderung in seiner Beziehung zur Welt, die auf kleine Ereignisse zurückgeht, wie etwa die Unfähigkeit, anlässlich eines Spazierganges am Meer einen Kieselstein aufzuheben, kulminiert in einer Szene im Park, in der sich angesichts der Wurzel eines Kastanienbaumes für Roquentin die Existenz in ihrer Eindringlichkeit enthüllt: «Und mit einem Male, mit einem Schlage zerreißt der Schleier, ich habe verstanden, ich habe *gesehen*.» (E 134) Alle Versuche, sie durch das Denken, durch Begrifflichkeit zu entschärfen, versagen: «Niemals vor diesen letzten Tagen hatte ich empfunden, was das heißt: existieren. Ich war wie die anderen, ich sagte wie sie: ‹Das Meer *ist* grün, dieser weiße Punkt da oben *ist* eine Möwe.› Aber ich fühlte nicht, daß das existierte, daß die Möwe eine ‹existierende Möwe› war; gewöhnlich verbirgt sich die Existenz, und auf einmal war es da, war es klar wie die Sonne: die Existenz hatte sich plötzlich offenbart. Sie hatte ihren unverfänglich-abstrakten Charakter verloren: sie war der Teig der Dinge, diese Wurzel war eingeknetet in Existenz. Vielmehr war all das – die Wurzel, die Gatter, die Bank, der schüttere Rasen – versunken; die Verschiedenartigkeit der Dinge, ihre Individualität waren nur ein äußerer Anschein, ein Firnis. Dieser Firnis war zerschmolzen, was blieb, waren monströse, weiche Massen, ungeordnet, nackt von einer erschreckenden und obszönen Nacktheit.» (E 135 f.)

Schon zuvor, anlässlich einer Straßenbahnfahrt, hatte sich die Diskrepanz zwischen dem kategorialen Zugriff auf ein Seiendes und seiner Existenz für Roquentin angekündigt: Das in «natürlicher Einstellung» völlig unbefangen wahrnehmbare Sitzbänkchen der Straßenbahn entzieht sich der Benennung, die Wörter und die Dinge klaffen auseinander. Die Grundstimmung dieser Existenzenthüllung ist der Ekel – er verlässt Roquentin nur dort, wo die Zeitfolge sich auflöst und im imaginären Bereich eine Melodie, gewissermaßen die Zeit gliedernd, aus ihr herausragt. Im wiederholten Anhören einer Jazzmelodie geschieht eine Befreiung von diesem Eingetauchtsein in Existenz. Denn die Existenz umfasst sowohl den Menschen als auch die Dinge. Alles was ist, wird von dieser Existenz durchdrungen, ja geradezu erdrückt in einer überwältigenden Überfülle. Zugleich aber zeigt sich diese Existenz auch als überzählig, «de trop»: «*Überflüssig*: das war das einzige Verhältnis, daß ich festlegen konnte zwischen diesen Bäumen, Gattern und Steinen. Vergeblich versuchte ich, die Kastanienbäume zu *zählen*, sie in ein Verhältnis zur Velleda zu bringen, ihre Höhe mit der der Platanen zu vergleichen [...]. Überflüssig da der Kastanienbaum links von mir, überflüssig auch die Velleda ... Und auch *ich* – schlaff, träge, schamlos, verdauend, den Kopf voll finsterer Ideen –, auch ich war überflüssig. [...] [Ü]berflüssig für die Ewigkeit.» (E 136f.) Gegen Ende des Romans verwandelt sich diese Überflüssigkeitserfahrung in ein Ausgelöschtwerden des Ich, das von der Existenz aus dem Bewusstsein verdrängt wird, ähnlich wie es in der *Transzendenz des Ego* gleichsam evakuiert worden war. «Wenn ich jetzt ‹ich› sage, so erscheint mir das inhaltslos. Es gelingt mir nicht mehr völlig, mich zu empfinden, so vergessen bin ich. Alles, was an Wirklichem in mir verbleibt, ist Existenz, die fühlt, daß sie existiert, niemand. Für niemanden existiert Antoine Roquentin, und was ist das – Antoine Roquentin? Etwas Abstraktes. Ein blasses, kleines Erinnern an mich selbst geistert durch ein Bewußtsein. Antoine Roquentin ... Und plötzlich wird dieses ‹Ich› bleich, immer bleicher und nun ist es vorbei – es erlischt.» (E 178) Die folgenden Beschreibungen lesen sich in der Tat wie eine Illustration dessen, was Sartre in der *Transzendenz des Ego* vom Bewusstsein behauptete: Niemand wohnt mehr im Bewusstsein, das Bewusstsein wird transparent. Es zerfällt, wird bevölkert und wieder verlassen – aber es bleibt sich bewusst, Bewusstsein zu sein.

Neben der Überflüssigkeit zeigen sich aber noch andere Merkmale der Existenz: Sie erweist sich als absolut, was Sartre mit absurd gleichsetzt: «Das Wort ‹Absurdität› gerät mir unter die Feder; ohne es klar zu formulieren, begriff ich, daß ich den Schlüssel der Existenz, den Schlüssel meines Ekels, meines eigenen Lebens gefunden hatte. Alles, was ich in der Folge habe begreifen können, führt auf diese grundlegende Absurdität zurück. Absurdität: noch ein Wort; ich kämpfe gegen Worte an; dort, im Park rührte ich an die Sache selbst. Hier aber möchte ich den absoluten Charakter der Absurdität festlegen, ich aber habe soeben das Absolute erfahren, das Absolute oder das Absurde. In bezug auf gar nichts war diese Wurzel absurd. Ach, wie soll ich es in Worten ausdrücken! [...] Aber angesichts dieser dicken, runzligen Klaue verlor das Nicht-Wissen wie das Wissen seine Bedeutung: die Welt der Erklärungen und Begründungen ist nicht die Welt der Existenz.» (E 137)

Sartre fügt dieser Absurdität der bloßen Existenz noch eine weitere Bestimmung hinzu, die im Grunde eines der Hauptmotive des Romans darstellt: diejenige der Kontingenz, der Zufälligkeit. Denn Existieren «heißt einfach: *da sein*. Die Existierenden erscheinen, sie lassen sich antreffen, aber niemals kann man sie *herleiten*.» (E 139) Diese Kontingenz, die sich durch keine Notwendigkeit ableiten lässt, wird zum Absoluten – im Gegensatz zum Begriff einer «ens causa sui» oder eines «ens necessarium» –, und genau diese Grundlosigkeit, das vollkommen Zwecklose, das Sartre auch für die Existenz des Menschen ansetzt, überfällt Roquentin: Sie ist etwas, was einen gleichsam anfällt und sich nicht mehr abweisen lässt.

Roquentin ist das Bewusstsein der Existenz, in Distanz und zugleich jenem Oszillieren, das die Bewusstseinsstruktur ausmacht. Daraus resultiert das Verlangen nach Rechtfertigung oder nach dem Sein, das sich für Roquentin im Verlangen nach den perfekten Momenten zeigt, wie sie seine ihn besuchende Freundin Anni gesucht hatte, oder wie er es in einer Jazzmelodie findet, in der die Nichtigkeit der verfließenden Zeit aufgehoben scheint, in der es gelingt, die Bedeutungslosigkeit des Dahingleitens, der Aufeinanderfolge von Augenblicken zu durchbrechen. Denn hier ist eine Erscheinungsweise von selbst nicht Erscheinendem angesprochen, die die Zeit, wenn auch in beschränkter Dauer, durchmisst und verneint. In den Saxophonnoten, Ausdruck eines Schmerzes, von dem es heißt, dass er nicht existiert, sondern dass er *ist*, dass an ihm nichts Überflüssiges festzustellen sei, macht sich dieses Verlangen fest und deutet sich eine Überwindung des Ekels an:

«Und auch ich wollte *sein*, überblicke ich mein Leben, so finde ich in allen diesen Versuchen, die so beziehungslos erscheinen, das gleiche Verlangen: die Existenz aus mir auszutreiben.» (E 183)

Immerhin scheint in dieser Überwindung der Existenz für Roquentin so etwas wie Hoffnung zu liegen, eine Hoffnung, die im Kunstwerk, in der Musik, im Schreiben ruht. Darin deutet sich jene Rechtfertigung an, die Sartre später in seiner Autobiographie *Die Wörter* als eines der sich durchziehenden Motive seines Gesamtwerkes ansehen wird: sich gerechtfertigt fühlen durch das Schreiben, ein Schreiben, das sich jenseits jeder Mythologisierung der Schriftstellerexistenz und in Loslösung vom kindlichen Glauben an Gott vollzieht.

Damit aber wird wiederum jene Kluft zwischen den Wörtern und den Dingen angesprochen, die Roquentins Existenzerfahrung als nahezu unüberwindbar erscheinen ließ. Die Sinnbezüge der Sprache, der ordnende Charakter der Wörter, der nicht mehr greift, kann nur in der Fiktion aufrechterhalten werden, die ein verändertes Verhältnis zur Zeit impliziert, weshalb die ursprüngliche Intention Roquentins, ein historisches Buch zu verfassen, auch scheitert.

Wie immer man diesen Roman, der zu den verschiedensten Lesarten einlädt, auch deuten mag, so steht doch außer Frage, dass die Beschreibungen des Bewusstseins ebenso wie diejenige der Existenzerfahrung zusammen mit Sartres theoretischen phänomenologischen Untersuchungen den Boden für seinen ontologischen Entwurf *Das Sein und Nichts* bereitet haben. Die dort systematisch ausgearbeitete Ontologie ist zugleich eine Auslegung der menschlichen Existenz. Sie ist das Grundmotiv jenes Buches von über siebenhundert Seiten, dem der Lektor des Verlages Gallimard, Jean Paulhan, auch einen kleinen Nebeneffekt zuschrieb: Da es genau ein Kilo wiege, könne man es auch zum Abwiegen von Obst und Gemüse verwenden – denn wir sind immerhin mitten im Zweiten Weltkrieg und im besetzten Paris.

3. Von der Phänomenologie zur Ontologie: *Das Sein und das Nichts*

Man kann sich diesem Hauptwerk der existentialistischen Periode Sartres von verschiedenen Seiten nähern: Man kann es als eine «mitreißende und großartige, eine vielstrophige Hymne an die Freiheit»

(Macho 1995, 33) sehen, als Manifestation eines verbalen und dialektisch fruchtbaren Genies, eines «Victor Hugo der Philosophie» (Verneaux 1964, 104), «als alternative[n] Versuch einer Metaphysik des 20. Jahrhunderts, eine[r] umfassenden Erklärung der menschlichen Existenz» (Hayman 1988, 305) oder als «ein glänzendes, prunkendes, großes Buch, [einen] Karneval des Geistes» (Lévy 2002, 537).

Dass die Einflüsse Husserls und Heideggers unübersehbar sind, liegt ebenso auf der Hand wie die Einbeziehung von Elementen der Hegelschen Dialektik, basierend auf einer cartesianischen Grundorientierung, was eine Interpretation nicht unbedingt erleichtert, so dass etwa Bernhard Waldenfels mit Recht konstatieren kann: «Diese Verflechtung ursprünglich verschieden angelegter theoretischer Raster bildet eine der Hauptschwierigkeiten bei der Lektüre.» (Waldenfels 1983, 79)

Ebenso lässt sich *Das Sein und das Nichts* auch als Apologie des menschlichen Scheiterns lesen. Denn die Freiheit, die Sartre nicht müde wird zu affirmieren, erweist sich ebenso als eine schwere Last wie die Beziehung zum Anderen, die sich nie aus einer grundsätzlichen Konfliktsituation zu lösen vermag. Das Credo «wir sind zur Freiheit verurteilt» wird ergänzt durch jenen berühmten Satz aus dem Drama *Geschlossene Gesellschaft*: «Die Hölle, das sind die Anderen.» Dieses Scheitern gründet in der ontologischen Grundstruktur unserer Existenz, die Sartre nunmehr als Für-sich-Sein bezeichnet, welches dadurch gekennzeichnet ist, «daß das Für-sich *effektiv* fortwährender Entwurf ist, sich selbst als Sein zu begründen, und fortwährendes Scheitern dieses Entwurfes.» (SN 1060) Soll man aus dieser Perspektive nicht Liselotte Richter zustimmen, die das Riesenwerk als «eine gigantische Sisyphosarbeit» bezeichnet, «diese Vergeblichkeit menschlicher Existenz zwischen Freiheit und Dinglichkeit» darzustellen (Richter 1961, 63)?

Sartre hat auch aus anderer Perspektive, nämlich hinsichtlich einer Art Umkehr eines christlich-theologischen Ansatzes, dieses Scheitern unterstrichen: «Jede menschliche-Realität ist eine Passion, insofern sie entwirft, zugrunde zu gehen, um das Sein zu begründen und zugleich damit das An-sich zu konstituieren, das als sein eigener Grund der Kontingenz entgeht, das *ens causa sui*, das die Religionen Gott nennen. So ist die Passion des Menschen die Umkehrung der Passion Christi, denn der Mensch geht als Mensch zugrunde, damit Gott geboren werde. Aber die Gottesidee ist widersprüchlich, und wir

gehen umsonst zugrunde; der Mensch ist eine nutzlose Passion.»
(SN 1052)

Natürlich könnte man dieses Buch in seinem Beschreiben menschlichen Scheiterns ungelesen zur Seite legen, würden nicht über die subtilen oder oft sehr strapaziösen Einzelanalysen hinaus einige Überzeugungen Sartres offenbar, die zu tiefen Einsichten in unser Leben beitragen, die Bewunderung, aber auch erbitterten Widerspruch auslösen können.

Das Ineinander der von Husserl herrührenden phänomenologischen Beschreibungen, die Sartre etwa unserer Leiblichkeit, den konkreten zwischenmenschlichen Beziehungen oder der Unaufrichtigkeit widmet, von subtiler, an Hegel geschulter Dialektik in den Negationsakten des Bewusstseins oder von an Heidegger gemahnenden wuchtigen Behauptungen über das Sein und das Nichts ist stets von literarischen Exkursen begleitet, deren Brillanz zu Recht gerühmt wurde.

Neben dem Scheitern und der Hoffnungslosigkeit, die das Werk letztlich verströmt, stehen eine unbedingte Affirmation der menschlichen Freiheit und Verantwortung, ein Entlarven der Unaufrichtigkeit (mauvaise foi), ein eindringliches Bekenntnis zur Notwendigkeit, uns in dieser Freiheit durch unsere Handlungen und Entwürfe einzurichten.

3.1 Freiheit als ontologische Notwendigkeit

Die Entstehungszeit von *Das Sein und das Nichts* fällt in eine der fruchtbarsten Perioden Sartres. Schon das Theaterstück *Die Fliegen* kreist um das Problem der Freiheit, und die in dieser Zeit erschienene, zunächst unvollendet gebliebene Romantetralogie enthält diese Thematik bereits in ihrem Titel *Wege zur Freiheit*.

Die Hauptgestalt des Dramas *Die Fliegen*, Orest, der sich schließlich zur freien Tat des Mordes an seinem Stiefvater entschließt, um Argos zu befreien, weiß um jene Identität von Freiheit und Handlung, um deren philosophische Begründung Sartre sich in *Das Sein und das Nichts* bemüht. Ebenso illustriert dies der Philosophieprofessor Mathieu in der Romanfolge *Die Wege zur Freiheit*, der diese zunächst als Indifferenz, als Enthaltung von Entscheidung und Handlung verstehen will, bis er zur Einsicht gelangt, dass sein Versuch, Freiheit in Bindungslosigkeit zu suchen, scheitern muss. Damit zeigt sich eine der Grundthesen Sartres, dass Freiheit keine Eigenschaft, keine Sache, kein

Vermögen des menschlichen Seins ist, sondern sozusagen sein Wesen ausmacht: «Der Mensch ist keineswegs *zunächst*, um *dann* frei zu sein, sondern es gibt keinen Unterschied zwischen dem Sein des Menschen und seinem ‹*Frei-sein*›.» (SN 84)

Nach den bisherigen Ausführungen Sartres zur Bewusstseinsstruktur ist es nicht verwunderlich, wenn Sartre gerade diese zur Basis der Freiheit erhebt, allerdings nunmehr mit einer ontologischen Wendung: Die «réalité humaine», wie Sartre Heideggers «Dasein» sehr frei übersetzt, nimmt jenes Nichts, jene Nichtigkeit auf, die bereits in den früheren philosophischen Arbeiten herausgestellt worden war. Die «réalité humaine» wird nun auf ontologischer Ebene zum «Für-sich-Sein», zum «être-pour-soi».

Die Dichotomie zwischen den Seinstypen Für-sich-Sein und An-sich-Sein – vereinfachend dem Sein des Menschen und dem Sein der Dinge – bildet die Grundstruktur seiner Untersuchung, die mit der uralten philosophischen Frage nach dem Sein anhebt, aber relativ rasch zu einer Untersuchung des Nichts fortschreitet.

Zunächst muss Sartre begründen, warum er seine Untersuchung «phänomenologische Ontologie» nennt. Die äußerst komplexe und schwierige Argumentation seiner Einleitung unterscheidet zunächst das Sein eines Phänomens (eines Dinges zum Beispiel), das er als Seinsphänomen bezeichnet und das mit seinem Erscheinen identisch ist, von einem Sein des Phänomens, das über das Phänomen hinausgeht und dieses gleichsam fundiert. Dies stellt eine Art Umformung des Ansatzes von Husserl dar, der ein Sein hinter den Phänomenen ablehnt. Zugleich aber wendet sich Sartre gegen ein Aufgehen des Seins im Erscheinen – und damit gegen Husserls Weiterentwicklung zu einem transzendentalen Idealismus. Vereinfachend formuliert: Jenseits von Idealismus und Realismus bleibt damit für Sartre sowohl das Gewicht der Welt wie auch die Souveränität des Bewusstseins gewahrt.

Dieses transphänomenale Sein, das sich bereits in den früheren Arbeiten in zwei Existenzformen aufgespalten hat – in das kompakte, inerte Existieren der Dinge und das durch ständigen Wechsel zwischen Imaginärem und Wirklichem gekennzeichnete Sein des Menschen – wird nunmehr zu zwei Seinsregionen erklärt: zum An-sich-Sein und zum Für-sich-Sein.

Während sich das An-sich-Sein durch reine Positivität auszeichnet – es ist, was es ist, als reine Positivität, und es ist an sich –, ist das Für-sich-Sein dadurch gekennzeichnet, dass es eben nicht mit sich zusammenfällt, sondern, wie Sartre in einer auf den ersten Blick paradox anmutenden Formulierung erklärt, «als das seiend, was es nicht ist, und als nicht das seiend, was es ist» bestimmt ist (SN 42).

Um diese vom An-sich-Sein verschiedene Seinsstruktur aufzuzeigen, setzt Sartre wiederum beim Bewusstsein an. Denn bereits aus der Intentionalität des Bewusstseins, an der Sartre unabdingbar festhält, geht hervor, dass das Bewusstsein nicht nur für das Sein des Objektes konstitutiv ist, sondern auch in Bezug zu einem transzendenten Sein steht. Es befindet sich nach Sartre mithin einer konkreten und vollständigen Gegenwärtigkeit gegenüber, die eben nicht das Bewusstsein ist. Das wiederum bedeutet, dass das Bewusstsein auf etwas aufruht, das es nicht ist. Erst in dieser absetzenden Negation konstituiert sich das Bewusstsein. Daraus folgt für Sartre nicht allein der Vorrang der Existenz vor der Essenz, sondern zugleich auch der Ursprung des Nichts. Einerseits bestimmt er das Bewusstsein als ein Sein, «dessen Existenz die Essenz setzt, und umgekehrt ist es Bewußtsein von einem Sein, dessen Essenz die Existenz impliziert, das heißt, dessen Erscheinung verlangt *zu sein*» (SN 36).

In Anlehnung an Heidegger und dessen Explikation der Daseinsanalyse heißt es dann: «*[D]as Bewußtsein ist ein Sein, dem es in seinem Sein um sein Sein geht, insofern dieses Sein ein Anderes-sein als es selbst impliziert.*» (SN 37)

Damit ist der Bezug des Menschen zur Welt für Sartre auf ontologischer Ebene gleichsam rekonstruiert. Die Frage nach dem Verhältnis des Menschen zur Welt ist eine ontologische Frage, die sich auf phänomenologischer Ebene nur vom Bewusstsein aus stellen lässt, da das An-sich-Sein von sich aus keinerlei Relationen zu anderem Sein schafft.

Dagegen steht das Bewusstsein im Grundbezug einer Negation, die sich später als zweifache erweisen wird. Das Bewusstsein oder auch das Subjekt ist eine Einheit von Nichts und Sein. Denn da das An-sich-Sein als reine Positivität gekennzeichnet wurde, kann das Nichts nur durch die «réalité humaine» in das Sein einbrechen.

Sartre versucht dies, in Anlehnung an Heidegger, zunächst von der Fragestruktur aus und dann in Auseinandersetzung mit der dialektischen Auffassung des Nichts bei Hegel sowie einer phänomenologischen Interpretation des Nichts, wiederum in Anlehnung an Heidegger, zu klären, um schließlich zu postulieren, dass das Nichts eines Seins bedarf, um zu den Dingen zu kommen, eines Seins, das «*sein eigenes Nichts sein (muß)*» (SN 81). Der Mensch also, die «réalité humaine», ist das Sein, durch das das Nichts inmitten der Seinsfülle anbricht, und eben diese ontologische Gegebenheit ist der Grund der Freiheit.

Aber dieses die Freiheit begründende Nichts steht selbst innerhalb der Existenz des Menschen wiederum in einer Spannung, wenn nicht Dialektik: Denn wenn auch das Bewusstsein durch dieses Nichts wesenhaft strukturiert ist, ist es doch seinem Sein verhaftet. Dies wird Sartre unter dem Titel der Faktizität nicht als Infragestellung der Freiheit, sondern nachgerade als deren notwendige Bedingung verstehen: «Ohne die Faktizität könnte das Bewußtsein», wie Sartre später ausführen wird, «seine Bindungen an die Welt wählen: ich könnte mich dazu bestimmen, ‹als Arbeiter oder als Bürger geboren zu werden›.» (SN 179) Distanz, Losreißen von sich selbst und Sichlosreißen von der Welt, um sie zu konstituieren – dieser Bezugsrahmen durchzieht im Grunde alle weiteren Analysen Sartres. Denn die Freiheit ist zunächst nur ein «fortwährender Moment des Losreißens, von dem, was ist» (SN 101), das Nichts schiebt sich ständig in das Bewusstsein, in die menschliche Existenz, die darum nie mit sich identisch sein kann, sondern stets von sich selbst getrennt bleibt. Diese Struktur wird Sartre den weiteren Untersuchungen etwa in Hinblick auf den Mangel, das Mögliche, die Beziehung zum Wert, die Reflexion oder die Zeitlichkeit zugrundelegen.

Es gibt eine besondere Gestimmtheit, die diese Freiheit dem Fürsich-Sein offenbart: Die Angst, die – ähnlich wie bei Kierkegaard und Heidegger – keine bloße Emotion, keine vorübergehende Irritation darstellt, sondern eine existentielle Erfahrung: «[I]n der Angst gewinnt der Mensch Bewußtsein von seiner Freiheit, oder, wenn man lieber will, die Angst ist der Seinsmodus der Freiheit als Seinsbewußtsein, in der Angst steht die Freiheit für sich selbst in ihrem Sein in Frage.» (SN 91)

Ekel als Offenbarung der Existenz und Angst als Offenbarung der Freiheit sind jene Gestimmtheiten, die die Grundsituation der «réalité humaine» ausmachen. Sartre hat dies in seinen Tagebüchern in den späten Dreißigerjahren deutlich unterstrichen: «So ist das existentielle Erfassen unserer Faktizität der Ekel, und das existentielle Erfassen unserer Freiheit ist die Angst. Die Angst vor einem Möglichen, das man nicht verwirklichen will, ist faktisch die Angst vor dem Nichts, das einen von diesem Möglichen trennt, vor dem Faktum, dass man durch *Nichts* daran gehindert wird, es zu verwirklichen.» (TB 197f.)

Die Angst ist das reflexive Erfassen der Freiheit durch sich selbst. Denn in der Angst zeigt sich die Grundstruktur des Für-sich-Seins in Hinblick auf die Zeitlichkeit besonders scharf und deutlich: Ich bin nicht, der ich sein werde und andererseits bin ich schon, was ich sein werde – sonst würde ich mich nicht daraufhin entwerfen. Diese konkrete Angst bildet auch den Bezugsrahmen für die – wie auch immer ausgelegte – Entscheidungssituation: «[I]ch *bin* nicht der, der ich sein werde. Zunächst bin ich es nicht, weil Zeit mich davon trennt. Ferner weil das, was ich bin, nicht der Grund dessen ist, was ich sein werde. Schließlich weil überhaupt kein aktuell Existierendes genau das bestimmen kann, was ich sein werde. Da ich jedoch schon das bin, was ich sein werde (sonst wäre ich nicht interessiert, dieser oder jener zu sein), *bin ich derjenige, der ich sein werde, nach dem Modus, es nicht zu sein*. […] Das Bewußtsein, seine eigene Zukunft nach dem Modus des Nicht-seins zu sein, ist genau das, was wir *Angst* nennen. […] Wenn *nichts* mich zwingt, mein Leben zu retten, hindert mich *nichts*, mich in den Abgrund zu stürzen. Das entscheidende Verhalten wird aus einem Ich hervorgehen, das ich noch nicht bin. So hängt das Ich, das ich bin, an ihm selbst von dem Ich ab, das ich noch nicht bin, und zwar genau in dem Maß, wie das Ich, das ich noch nicht bin, nicht von dem Ich abhängt, das ich bin.» (SN 95 f.)

Man könnte diese und viele ähnliche Formulierungen für eine pure Lust, Paradoxien anzuhäufen oder eine unvollständige Dialektik halten. Genau diese von Sartre angesichts eines Schwindelgefühls vor einem Abgrund beschriebene Situation ist es aber auch, die den Vorrang der Existenz vor der Essenz und die Notwendigkeit für das Ich – das heißt für die «réalité humaine» –, sich ständig neu zu entwerfen und zu erschaffen, ontologisch fundiert. Das Ich, der Mensch muss immer wieder neu hervorgebracht werden. Mein «Wesen» ist nicht vorherbestimmt, es ist immer wieder neu zu entwerfen, es ist bis zu meinem Tod immer in «Aufschub», wie auch der erste Band der *Wege zur Freiheit* übertitelt ist.

Daraus resultiert die Rechtfertigungslosigkeit des Daseins, wie sie Sartre in *Der Ekel* bereits beschrieben hatte: «Allein und in der Angst tauche ich gegenüber dem einzigen und ersten Entwurf auf, der mein Sein konstituiert, alle Barrieren, alle Geländer zerbrechen, genichtet durch das Bewußtsein von meiner Freiheit: bei keinem Wert finde ich und kann ich Zuflucht finden vor der Tatsache, daß ich es bin, der die Werte am Sein erhält; nichts kann mich gegen mich selbst sichern, abgeschnitten von der Welt und meinem Wesen durch dieses Nichts, das ich *bin*, habe ich den Sinn der Welt und meines Wesens zu realisieren: ich entscheide darüber, allein, unlegitimierbar [ungerechtfertigt; P. K.] und ohne Entschuldigung.» (SN 108)

Es sind Sätze wie diese, die den Nimbus des Existentialismus als einer von negativen Stimmungen – Angst, Ekel, Nichtigkeit – durchzogenen Lebenseinstellung mitbegründen. Auch wenn ihnen ein bestimmtes Pathos sicherlich nicht abzusprechen ist, muss immer wieder darauf verwiesen werden, dass sie einer streng ontologischen Begründungskette entspringen und keineswegs nur emotionalen oder appellativen Charakter haben.

Diese durch die Angst bestimmte Erfahrung der Freiheit ist es aber auch, die sich nicht bloß als Befreiung von äußeren Zwängen, Wertvorstellungen, Determinanten aller Art darstellt. Philosophisch salopp formuliert, ist es nicht bloß die Freiheit von, sondern zugleich auch die Freiheit zu, die den Menschen in volle Verantwortlichkeit stürzt.

Die Abgründigkeit dieser mit dem Nichts verbundenen Freiheit liegt nicht im Entlassen des Menschen, der gleichsam sein Wesen verloren hat, in Willkür und Beliebigkeit, sondern in dieser Rechtfertigungslosigkeit, die aber zugleich auch Verantwortlichkeit für sich – was immer das dann später heißen mag – impliziert. Denn sie ist beides: Befreiung und Last, und sie enthält damit die Neigung, uns von dieser Last zu lösen, zu befreien zu suchen.

Einer dieser – allerdings vergeblichen – Befreiungsversuche ist, neben der Flucht in den sogenannten «Geist der Ernsthaftigkeit», die «mauvaise foi».

3.2 Die «mauvaise foi» als Flucht vor der Freiheit

Bereits in *Der Ekel* hatte Sartre die bürgerliche Lebensweise, die traditionellen Wertsetzungen verpflichtet ist und sich auch gerne als Humanismus ausgibt, immer wieder negativ dargestellt. Gleichermaßen ist der Determinismus, den er als Grundlage aller Entschuldigungen, sich der Freiheit und Verantwortlichkeit zu entziehen, betrachtet, aus ontologischer Sicht ein Versuch, die menschliche Realität darauf zu reduzieren, immer nur das zu sein, was sie ist. Damit aber betrachtet man sich von außen her als ein Ding oder als einen Anderen als den, der man ist, und der anderen Dingen gleich durch bestimmte Umstände, Kausalitäten, Zwänge und dergleichen seiner Freiheit enthoben ist.

Anders in der sogenannten «mauvaise foi». Dieser Sichtweise liegt das Verhältnis des Bewusstseins zu sich selbst zugrunde, das, wie Sartre ausgeführt hatte, durch Intentionalität gekennzeichnet ist. Sie ist sowohl von der Lüge wie auch vom reinen Negieren seiner selbst und seiner Entwürfe entfernt. Denn in der Lüge täusche ich, der ich die Wahrheit kenne, den Anderen, in der Unaufrichtigkeit oder Unwahrhaftigkeit – wie «mauvaise foi» meist übersetzt wird – verberge ich hingegen die Wahrheit vor mir selbst. Die ontologische Struktur lässt sich so zusammenfassen: In der Unaufrichtigkeit wird wechselweise die Transzendenz oder die Faktizität des Daseins ausgespielt, um sich der Eigenverantwortung zu entziehen. Ein häufig genanntes Beispiel, das Sartre gibt, ist das der flirtenden Frau. Sartres Argumentation lässt sich dabei auf folgendes Schema reduzieren: Das Ich und der Andere werden wechselweise als Ding (An-sich) und als Freiheit (Für-sich) vereinnahmt. So weiß die flirtende Frau um die Absicht ihres Gegenübers, weigert sich aber, sie als Annäherungsversuch zu interpretieren. Sie würde ebenso wenig eine unverhüllte Begierde akzeptieren, wie sie umgekehrt an einem ausschließlichen Respekt Gefallen fände. Sie möchte, dass sich dieser Respekt an ihre Freiheit wendet und zugleich als Begierde an ihre Körperlichkeit. Wenn nun ihr Anbeter ihre Hand ergreift, hat sie zwei Möglichkeiten: ihm die Hand zu überlassen und damit in bestimmtem Sinn dieser Begierde nach ihrem Körper zuzustimmen oder sie zu entziehen, womit sie einzig und allein den Respekt wählen würde, was aber zugleich die ganze Situation zerstören würde. So überlässt sie ihre Hand, wie ein Ding, und vollzieht damit eine Trennung, die sich zugleich auch als eine Herauszögerung der Entscheidung erweist. Je nach Bedarf werden jene Konstituenden des Für-sich-Seins in den Vordergrund gestellt, die Sartre als Faktizität und Transzendenz bezeichnet: Die «mauvaise foi» erscheint so als die Kunst, widersprüchliche Begriffe zu bilden. Faktizität und Transzendenz werden nicht koordiniert und in ihrer Unterschiedlichkeit wahrgenommen, sondern wechselweise ausgespielt.

Wir können letztlich dieser «mauvaise foi» nicht entgehen, ebenso wenig wie der «Uneigentlichkeit» im Sinne der Daseinsanalysen Heideggers, an die Sartres Untersuchungen in vielem erinnern. Daneben steht Hegels unglückliches Bewusstsein Pate: Ist nicht auch die Unaufrichtigkeit ein Versuch, der Kontingenz zu entfliehen und zu seiner Selbstbegründung zu gelangen, nach der das Für-sich-Sein unterwegs ist?

Die grundsätzliche Bestimmung des Für-sich-Seins als eines Seins, das ist, was es nicht ist, und nicht ist, was es ist, durchzieht auch Sartres weitere Analysen, die unter dem Titel der unmittelbaren Strukturen des Für-sich-Seins der grundsätzlichen Dualität von Faktizität und Transzendenz nachgehen, um dann in den Horizont der Zeitlichkeit des Für-sich-Seins zu münden.

3.3 Die Freiheit und das Nichts

Ausgehend von der Modifikation des Cartesianischen *cogito*, dessen Grundlage das «präreflexive cogito» ist, wie Sartre bereits in der Einleitung zu zeigen versucht, geht es nunmehr darum, die vom Nichts durchzogene Struktur des Bewusstseins in Hinblick auf verschiedene Reflexionsstrukturen näher zu erläutern. Ausgangspunkt ist jene Verdoppelung des Bewusstseins, die in seiner Modifikation der Intentionalität schon impliziert wird: «[J]edes objektsetzende Bewußtsein ist zugleich nicht-setzendes Bewußtsein von sich selbst.» (SN 21) Dieses nicht reflexive Bewußtsein liegt nach Sartre jeder Reflexion voraus und zugrunde und bildet auch die Voraussetzung dafür, dass es zu jener Spaltung im Bewußtsein kommt, in der eine Art anfängliches Nichts mich von mir selbst trennt. Darin spaltet sich die menschliche Realität in zwei verschiedene Dimensionen auf: zum einen in Faktizität – ich bin, was ich bin –, zum anderen in die Transzendenz – ich bin, was ich nicht bin, was noch aussteht –, das fortwährende Überschreiten der Bewusstseinssphäre.

Aus dieser grundsätzlichen Nichtigkeit folgt, wie schon angemerkt, dass es keinerlei substantielles Ich gibt, das kontinuierlich den einheitsstiftenden Pol meines Selbst darstellen könnte. Die von Sartre im Rahmen der unmittelbaren Strukturen des Für-sich-Seins betonte Anwesenheit-bei-Sich (présence-à-soi) ist weder Koinzidenz mit sich selbst noch ausdrückliche Selbstdistanz, sondern ein ständiges Verweisen, ein «Spiel von Reflexen», aus dem ein «instabiles Gleichgewicht» resultiert, das Sartre schließlich zur Behauptung einer «abwesenden Anwesenheit» führt. Daraus folgert Sartre wiederum, dass es so etwas wie ein festes Persönlichkeitszentrum nicht gibt, dass die verlangte Einheit ein dauernder Prozess ist, ein zirkelhaftes Geschehen, das in den sogenannten «Zirkel der Selbstheit» mündet.

Die weitläufigen, oft ein wenig den Charakter monotoner Variationen des Gleichen annehmenden Betrachtungen legen das Selbst als ein unerreichbares Ziel der nichtenden Bewegung des Für-sich-Seins zugrunde, was Sartre an den Phänomenen Mangel und Möglichkeit zu verdeutlichen versucht.

Was also ist das Selbst? Eigentlich nur ein Abwesendes, um das das Für-sich-Sein ständig kreist. Zugleich ist in diesem Selbstbezug als Selbstgegenwart und als Verhältnis auf ein Ausstehendes eine Beziehung zur Welt enthalten, die mir erlaubt, mich in meiner Kontingenz als Teil dieser Welt wahrzunehmen, auch wenn ich sozusagen immer «anderswo» bin.

Auch die temporale Interpretation der Daseinsstruktur lehnt sich einmal mehr an Heidegger an und verweist neuerlich auf die Nichtungsstruktur des Bewusstseins. Zeit darf nicht als eine Kollektion von Daten betrachtet werden – im Sinne dessen, was Heidegger das vulgäre Zeitverständnis nannte –, sondern kann nur ekstatisch verstanden werden, weil sie sich als «Innenstruktur des Seins» erweist, jenes Seins, das «seine eigne Nichtung ist» (SN 275).

Im wesentlichen will Sartre hier herausstellen, dass das Für-sich bezüglich der Zeit zugleich nicht ist, was es ist (Vergangenheit), ist, was es nicht ist (Zukunft), ständig im Wechselspiel steht, zu sein, was es nicht ist und nicht zu sein, was es ist (Gegenwart). Eben diese Dimensionen der Zeitlichkeit werden für den Vollzug der Freiheit für Sartre wesentlich, wobei anders als für Heidegger später im Zusammenspiel von Geworfenheit (Faktizität) und Entwurf (Transzendenz) die Dimension der Gegenwart entscheidende Bedeutung erhält.

Sein und Nichts, Faktizität und Transzendenz bilden den Rahmen für jene weitere Diskussion des Problems der Freiheit, die Sartre auch in eine Art Handlungstheorie einbindet. Man hat diese entsprechenden Abschnitte auch als «Nahtstelle zwischen Ontologie und praktischer Philosophie» bezeichnet (Waldenfels 1983, 95). Denn die von Sartre skizzierte Freiheitstheorie fordert ein Handeln, ein ständiges Umsetzen und Konkretisieren. Wenn der Mensch das ist, wozu er sich macht, wie es in der Existentialismusschrift heißt, so kann es nicht bei theoretischen Überlegungen ontologischer Art bleiben, vielmehr müssen diese im Bereich des Handelns umgesetzt werden.

Es überrascht somit kaum, wenn Sartre das Sein der menschlichen Realität mit dem Handeln gleichsetzt: «Ein erster Blick auf die menschliche-Realität lehrt, daß Sein sich für sie auf Handeln reduziert, so ist die menschliche-Realität zunächst nicht, um zu handeln, sondern sein ist für sie handeln» (SN 824 f.). Handlung aber – im Gegensatz zur bloßen Bewegung – ist durch Intentionalität gekennzeichnet. Der nächste Schritt Sartres besteht nun darin, diese Intentionalität als Zweckgerichtetheit so zu verstehen, dass diese Zwecksetzung ein Doppeltes enthält: In der Intentionalität auf einen Zweck enthüllt sich die Welt, und zugleich definiert sich meine Möglichkeit als subjektive Wahl (vgl. SN 825 f.).

Anders ausgedrückt: Das An-sich wird im Lichte eines Noch-nicht verstanden – es kommt zu einem Bruch mit dem Gegebenen, der dieses aber gleichzeitig als Gegebenes realisiert. Die Freiheit des Für-sich-Seins bliebe leere Freiheit, würde sie nicht wählen und damit sich selbst bestimmen. Zugleich aber erfährt sich diese Freiheit auch als absurd, weil sie Wahl ihres Seins, aber nicht Grund ihres Seins sein kann, sie ist, wie Sartre ausdrücklich betont, «jenseits aller Gründe» (SN 829). So liegt der Verdacht auf Willkür nahe, den Sartre damit zu entkräften versucht, dass er auf eine grundsätzliche erste Wahl verweist, die sogenannte Urwahl oder Grundwahl (choix fondamental), die natürlich auch anders ausfallen könnte, was im Lichte der Freiheit jederzeit möglich wäre, die aber dann eine radikale Konversion erforderte. Alle diese Überlegungen basieren auf den grundlegenden Strukturen des Für-sich-Seins und dessen Bestimmung als eines Seienden, das ist, was es nicht ist, und nicht ist, was es ist. Diese grundsätzliche Strukturbestimmung des menschlichen Seins bleibt für die Verteidigung der Freiheit bestimmend.

Denn die Nichtung von Sein bedeutet zugleich auch eine Nichtung dessen, was das Für-sich-Sein zu erdrücken droht und was Sartre nunmehr in die Dichotomie von Freiheit und Situation umgießt: «[E]s gibt Freiheit nur *in Situation*, und es gibt Situation nur durch die Freiheit.» (SN 845)

Ohne Bezug auf die Situation würde die Freiheit zu einer leeren Abstraktion verkümmern – sie wäre dann, je nach Betrachtungsweise, innere Freiheit oder bloße Indifferenz. Denn die Situation ist selbst ein doppeldeutiges Phänomen, etwas, das sowohl die Kontingenz des An-sich wie auch des Für-sich umfasst.

Alles was uns bedrängt, nötigt, eine Entscheidung notwendig macht, kann sich nur deshalb als bedrängend oder nötigend erweisen, weil es als solches schon im Licht eines freien Entwurfes auftaucht.

Sartres vielzitiertes Beispiel vermag dies schlaglichtartig zu beleuchten: Etwas, wie zum Beispiel ein Felsblock – also ein Seiendes von der Seinsart des An-sich-Seins –, kann mir als Hindernis oder aber auch als Gelegenheit für den Beweis meiner Kletterkünste erscheinen. Es erscheint als Hindernis oder als gute Gelegenheit erst im Horizont meines freien Entwurfes und der damit verbundenen Zielsetzung. Natürlich kann ich nicht darüber entscheiden, ob dieser Felsblock sich überhaupt für eine Besteigung oder Überwindung eignet. Aber er kann seinen Widerstand gegenüber einer allfälligen Besteigung nur manife-stieren, wenn er durch meinen freien Entschluss ihn besteigen zu wol-len, in eine Situation integriert wurde. Für einen Spaziergänger oder einen Maler bietet er sich in anderer Situation dar: Er ist schön oder hässlich, das Gegebene, das Faktische enthüllt sich in seiner Bedeutung erst im Lichte des Freiheitsentwurfes. Der Felsblock ist meiner Frei-heit gegenüber indifferent. Darum kann Sartre auch den auf den ersten Blick paradox klingenden Satz formulieren: «Obwohl die rohen Dinge von Anfang an unsere Handlungsfreiheit begrenzen können, muß doch unsere Freiheit selbst vorher den Rahmen, die Technik und die Zwecke konstituieren, für die sie sich als Grenzen erweisen werden. [...] [E]s ist also unsere Freiheit, die die Grenzen konstituiert, denen sie in der Folge begegnen wird.» (SN 834)

Grenzenlose Freiheit also? Nein, vielmehr ein Zusammenspiel von Freiheit und Situation, innerhalb dessen die Grenzen meiner Freiheit als von ihr selbst gesetzte aufleuchten. Freilich gibt Sartre dieser Posi-tion eine radikale Schärfe, wenn er etwa erklärt, dass nur zwei Lösun-gen möglich seien: «[E]ntweder ist der Mensch völlig determiniert, oder der Mensch ist völlig frei.» (SN 768) Oder noch prägnanter: «Der Mensch kann nicht bald frei und bald Sklave sein: er ist gänzlich und immer frei, oder er ist [es] nicht.» (SN 766)

Da diese Freiheit mit dem Nichts zusammenfällt, geht eben auch aus ihr diese Notwendigkeit des Handelns hervor: Wir müssen uns *machen*, anstatt bloß zu *sein*. Darum sind wir als zur Freiheit Verurteilte auch gezwungen, uns zu wählen, uns unentwegt zu entwerfen und zu entscheiden. Wir haben nicht die Freiheit aufzuhören, frei zu sein, denn unsere Freiheit besteht im Wählen und nicht wählen heißt gleichfalls wählen. Selbst der Selbstmord, die Weigerung zu sein, ist kein Ausweg, denn er ist ebenso eine Wahl.

Eine eindringliche Darstellung der Vergeblichkeit, sich dieser Situation zu entziehen, gibt Sartre in der Romantetralogie *Die Wege zur Freiheit*, vor allem im ersten Band mit dem bezeichnenden Titel *Die Zeit der Reife* (L'âge de raison). Im Mittelpunkt stehen der viele autobiographische Züge tragende Philosophielehrer Matthieu Delarue und sein ungebundenes freies Leben im Bohème-Milieu des Paris der Dreißigerjahre. Matthieu versucht lange Zeit, seine Freiheit als Abstinenz von jeder Handlung, als Bindungslosigkeit zu bewahren. Er will sich weder, als seine Freundin ein Kind erwartet, zu einer Entscheidung durchringen noch den verlockenden Versuchen seines Freundes, sich politisch zu engagieren, nachgeben. Er lebt im Zustand eines ständigen Aufschubes, von dem er meint, dass nur dieser seine Freiheit bewahren könnte. Zugleich lebt in ihm aber der Wunsch nach einer Entscheidung, nach dem Handeln, vor dem er sich zugleich – im Bewusstsein seiner Freiheit – ängstigt. Matthieu möchte der Entscheidung für oder gegen eine Abtreibung, für oder gegen eine Heirat entgehen – er möchte aufschieben und gerät damit immer mehr in eine Art «mauvaise foi». «[E]r wiederholte sich umsonst die Phrasen, die ihn einst begeistert hatten: ‹Frei sein, verantwortlich sein, sagen können: ich bin, weil ich es will; mein eigener Anfang sein›. Leere und großartige Worte waren das, aufreizendes Intellektuellen-Geschwätz.» (ZdR 57)

Die Problematik der Freiheit reduziert sich hier auf Freiheit als Indifferenz, als Flucht, als Ausweichen vor einer Entscheidung. Dadurch aber gibt es weder eine Vergangenheit, mit der man sich identifizieren oder von der man sich lösen könnte, noch ein Künftiges, auf das sich ein freier Entwurf richten könnte. Als sich Matthieu entschließt, seine Freundin mitsamt dem künftigen Kind zu verlassen, wird ihm bewusst, dass es keine Ausflüchte geben kann: Zunächst beherrscht ihn noch der Gedanke an unentrinnbare Schicksalshaftigkeit – «es kommt, wie es kommen muß» –, dann erfolgt der Wandel: «‹Nein, nein, nicht wie es kommen muß. Was auch geschieht – *durch mich* muß alles geschehn›. Selbst wenn er sich fassungslos und verzweifelt wegtragen ließe, selbst wenn er sich wegtragen ließe wie einen alten Kohlensack – er hätte seinen Untergang gewählt: er war frei, frei für alles – frei, Zugtier zu sein oder Wagen, frei, etwas anzunehmen, frei, etwas auszuschlagen, frei, Winkelzüge zu machen; zu heiraten, sie sitzenzulassen, jahrelang diese Schleifkugel an seinem Fuß mit sich zu schleppen: er konnte tun, was er wollte, niemand hatte das Recht, ihm zu raten, Gut und Böse gab es für ihn nur, wenn er sich's ausdachte, er war allein in all dem entsetzlichen Schweigen, frei und allein, ohne Hilfe und ohne eine Ausrede, war dazu verurteilt, ohne jeden Rückzieher Entscheidungen zu treffen, war dazu verurteilt, immer frei zu sein.» (ZdR 268)

Dennoch, auch als die Entscheidung gefallen ist – er verlässt seine Freundin –, wird Matthieu nicht freier als zuvor, auch wenn er sich eingesteht: «‹Niemand hat meine Freiheit behindert – mein Leben hat sie ausgetrunken.›» (ZdR 333)

Erst im Durchgang durch die weiteren Ereignisse, durch die politischen Umstände, durch den Krieg, in den er eingezogen wird, bahnt sich eine Wandlung an, die ihn, allerdings erst angesichts des Todes, zu einem Erfassen seiner Freiheit führt. In einer völlig sinnlosen Widerstandsaktion gegen die vorrückenden deutschen Truppen entschließt sich Matthieu zum Kampf.

Aus der Gleichsetzung von Sein und Handeln ergibt sich für Sartre eine Art ontologische Handlungstheorie, die sich von traditionellen Auffassungen radikal unterscheiden muss. Hatte Sartre Determinismustheorien schon als unzureichend zurückgewiesen, weil sie die doppelte Negationsstruktur des Für-sich-Seins übersehen, so gilt dies auch für alle ins Psychologische gewendeten Auffassungen, die den Willen, Antriebe oder Affekte als uns bestimmende Motivationen ansehen. Denn der Wille etwa kann sich als Wille erst auf der Grundlage einer ursprünglichen Freiheit als Wille konstituieren. Willentliche Entscheidungen sind nach Sartre immer schon verfälscht, und wenn ich anfange zu überlegen, ist im Grunde alles bereits entschieden. Sartre ersetzt, wie Martin Suhr anmerkt, das lineare Entscheidungsmodell Anlass (Antrieb) – Überlegung – Wille – Entscheidung – Akt – Ziel durch ein kreisförmiges Integrationsmodell, in dem erst der Akt, die Wahl selbst über Anlässe und Antriebe entscheidet (vgl. Suhr 1987, 86f.).

Wahl meiner Selbst in der Welt und Entdeckung der Welt bedeuten für Sartre das gleiche; wir sind ständig in diese Wahl verstrickt, die uns zugleich auch ohne Rechtfertigung zurücklässt. Kann dies aber tatsächlich hingenommen werden? Ist nicht diese Freiheitstheorie sowohl unrealistisch als auch in ihrer philosophischen Begründung mehr als fragwürdig?

Gerade in Hinblick auf das Zusammenspiel von Freiheit und Situation greift Sartre selbst das aus dem «common sense» stammende Gegenargument erneut auf: «Weit entfernt, daß wir unsere Situation nach Belieben modifizieren könnten, scheinen wir uns nicht einmal selbst ändern zu können. Ich bin weder ‹frei›, dem Los meiner Klasse, meiner Nation, meiner Familie zu entgehen, noch, meine Macht oder mein Vermögen zu erwerben, noch, meine geringsten Gelüste oder meine Gewohnheiten zu besiegen. Ich werde als Arbeiter, als Franzose, mit Erbsyphilis oder Tuberkulose geboren. Die Geschichte eines Lebens, wie es auch sei, ist die Geschichte eines Scheiterns; anstatt ‹sich zu machen›, scheint der Mensch ‹gemacht zu werden› durch das Klima und das Land, die Rasse und die Klasse, die Sprache, die Geschichte der Kollektivität, der er angehört, die Vererbung, die individuellen Umstände seiner Kindheit, die angenommenen Gewohnheiten, die großen und kleinen Ereignisse seines Lebens.» (SN 833)

Natürlich ist dies für Sartre kein die Freiheit ernsthaft gefährdendes Argument. Freisein bedeutet weder seine Wünsche oder Pläne auch tatsächlich zu verwirklichen, noch kann, wie schon dargelegt, der äußere Widerstand unsere Freiheit beschränken, da er sie, wie es scheint, zugleich auch ermöglicht. Denn noch einmal: Freiheit gibt es nur in Situation und Situation nur durch Freiheit. Natürlich ist die Freiheit nicht ihre eigene Grundlage – sie kann nicht über ihre eigene Existenz entscheiden –, darin besteht ihre Faktizität, ihre Geworfenheit, wie dies in ähnlicher Weise bei Heidegger heißt, und die von Sartre auch als das «Gegebene» bezeichnet wird, «das sie [die Freiheit; P. K.] zu sein hat und das sie mit ihrem Entwurf erhellt» (SN 846).

Um dies näher zu illustrieren, untersucht Sartre einige Phänomene wie meinen Platz, meinen Leib, meine Vergangenheit, meine Position, meine Beziehung zu Anderen und schließlich den Tod. Ihnen allen ist gemeinsam, dass sich hier Freiheit als Konstitution ihrer Geworfenheit zeigt. Das heißt, dass die Situation nur in Korrelation zur Überschreitung des Gegebenen existiert, so wie etwa meine Vergangenheit erst im Licht des Entwurfs auf die Zukunft hin als Vergangenheit erscheint und ihre Bedeutung erhält. Die Zukunft entscheidet darüber, ob meine Vergangenheit tot oder lebendig ist. Das heißt, dass sie erst als Hindernis und Beschränkung oder als Absprung in eine neue Zukunft im Licht meiner Freiheit als solches auftauchen kann.

Lässt sich dies aber auch vom Tod behaupten? Angesichts des Todes als einer unaufhebbaren Beschränkung meiner Freiheit scheint Sartres Plädoyer für die Freiheit an eine Grenze zu stoßen, die sich schwerlich mit dem Entwurfscharakter des Für-sich-Seins vereinbaren lässt. Sartres Argumentation gegen den Tod als Grenze der Freiheit ist äußerst vielschichtig: Neben einer Kritik an Heideggers Auffassung vom Tod als der ausgezeichneten Möglichkeit des Daseins (vgl. dazu Heideggers *Sein und Zeit*, 246 ff.), vom Dasein als eines Seins-zum-Tode, ist es hier vor allem der Absurditätscharakter des Todes, den Sartre als Argument anführt, und damit auch seine Kennzeichnung als einer kontingenten Faktizität. «Der Tod ist ein reines Faktum wie die Geburt; er geschieht uns von draußen und verwandelt uns in Draußen.» (SN 937) Diese Argumentation ist deshalb besonders interessant, weil sie am Tod eine Zuspitzung erfahren muss, um der gegenteiligen Position, dass der Tod ja gerade die große Infragestellung der Freiheit bedeuten kann, Paroli zu bieten. Sartre wendet hier – unter Verwendung einiger dialektischer Kunststücke – seine ganze philosophische Kraft auf, um die große Frage, die der Tod an die menschliche Freiheit richtet, zu beantworten.

Gewiss, gegen Heidegger lässt sich einwenden, dass der Tod gerade nicht als meine «eigenste, unbezügliche, unüberholbare und gewisse» Möglichkeit, die «hinsichtlich der Gewißheit *unbestimmt* (ist)» (Heidegger, *Sein und Zeit*, 265) aufgefasst werden darf, weil er die Vernichtung meiner Möglichkeiten darstellt und damit jenseits meiner Möglichkeiten liegt.

Auch der Selbstmord scheidet für Sartre – ähnlich wie für Heidegger – als eine Bekräftigung der Freiheit aus, da er immer noch Akt meines Lebens bleibt und als letzter Akt sich nicht mehr der Zukunft öffnet. Sartre weist Heideggers Auffassung vom Dasein als Sein zum Tode zurück und versucht den Tod aus der Grundstruktur des Für-sich-Seins zu verbannen. Daraus erklärt sich auch sein nahezu verkrampfter Versuch, den Zusammenhang, den Heidegger im Sein zum Tod und der Jemeinigkeit des Todes behauptet, zurückzuweisen. Gegen Heideggers These von der Vereinzelung und dem Ruf in die Eigentlichkeit des Daseins, vom Tod als etwas, das keiner dem Anderen abnehmen kann, verweist Sartre auf die in der Nichtigkeitsstruktur des Für-sich-Seins bereits beschlossen liegende Einmaligkeit oder Subjektivität. Nicht der Tod – und das Vorlaufen in den Tod – macht mein Leben zu einem einmaligen, sondern die gleichsam jenseits des Todes bereits angesiedelte Subjektivität. Mein Tod wird nur mein Tod, wenn ich mich bereits in meinem Für-sich-Sein und meinen Handlungen und Akten in dieser Jemeinigkeit eingerichtet habe. Darum müssen Endlichkeit und Tod streng voneinander unterschieden werden: Nicht der Tod erscheint als Garant oder Zeichen meiner Endlichkeit, sondern diese ist eine ontologische Struktur des Für-sich-Seins, der Tod hingegen ist ein kontingentes Faktum. Sartre schließt daraus, dass wir auch endlich blieben, wenn wir unsterblich wären, wir machen uns endlich, indem wir uns wählen.[1]

Für Sartre ist es der Freiheitsakt selbst, der Übernahme der Endlichkeit bedeutet: «Wenn ich mich mache, mache ich mich endlich, und daher ist mein Leben einmalig.» (SN 938) Denn die Unumkehrbarkeit der Zeitlichkeit stammt nicht vom Tode, sondern resultiert aus meiner Freiheit, denn Endlichsein heißt sich wählen und wählen wiederum bedeutet, sich auf eine Möglichkeit unter Ausschluß der anderen hin zu entwerfen. Im Für-sich-Sein ist darum kein Platz für den Tod, es gibt in diesem Sinn keine Freiheit-zum-Tode, wie sie Heidegger in Hinblick auf die Authentizität des Selbstseins gefordert hatte. Ich bin nicht frei zum Sterben, wie Sartre Heidegger paraphrasierend anmerkt, sondern ein «freier Sterblicher», da «wir eben immer *obendrein* sterben» (SN 941). Damit ist der Tod alles andere als eine Infragestellung der Freiheit – er ist getreu des Grundzuges der Sartreschen Argumentation eine Grenze meiner Freiheit, auf die sie niemals treffen kann, der sie nie begegnet.

Natürlich erinnert dies alles an Epikurs bekannte Überlegung, die uns die Angst vor dem Tod nehmen soll, indem sie ihn ebenfalls aus unserer Erfahrung verbannt: Solange wir sind, ist der Tod nicht, und wenn der Tod ist, sind wir nicht mehr. Auch ohne hier die Sartresche Auffassung vom Tod näher mit jener Heideggers oder anderer sogenannter «Existenzphilosophen» wie etwa Karl Jaspers oder Gabriel Marcel vergleichen zu wollen: Es bleibt doch merkwürdig, dass Sartre bei aller Ernstnahme der Angst diese nicht in die Todesinterpretation integriert, sondern sie auf die Freiheitsproblematik einengt.

Immerhin – eine der überraschenden Thesen innerhalb der Todesbetrachtung Sartres besteht im Bezug zum Sein des Anderen. Denn der Tod eröffnet eine Beziehung zum Anderen, für den, und allein für den, mein Leben nunmehr abgeschlossen ist. Unter merkwürdiger Ausschließung der Vorwegnahme des Todes behauptet Sartre daher: «Tot sein heißt den Lebenden ausgeliefert sein.» (SN 934)

Damit stoßen wir auf ein Phänomen, das sich in den bisherigen Untersuchungen der Strukturen des Für-sich-Seins noch nicht gezeigt hatte – auf die Existenz des Anderen.

3.4 «Die Hölle, das sind die Anderen»

Dieser Satz aus dem 1944 uraufgeführten Theaterstück *Bei geschlossenen Türen* ist nicht nur einer der meistzitierten aus dem Œuvre Sartres, sondern fasst auch in unüberbietbar eindringlicher Weise eine der wichtigsten Theorien der Ontologie Sartres zusammen: den Bereich der zwischenmenschlichen Beziehungen oder, um in Sartres Diktion zu bleiben, die Beziehung des Für-sich-Seins zu anderem Für-sich-Sein.

Sartres Schlussfolgerung nach einer langen und detaillierten Analyse dessen, was er als das «Für-Andere-Sein» bezeichnet, ist freilich etwas nüchterner: «Der Konflikt ist der ursprüngliche Sinn des Für-Andereseins.» (SN 638) Meine Beziehungen zum Anderen sind grundsätzlich von diesem Konflikt geprägt, die Beziehungen zum und mit Anderen sind von Anfang an gegenseitige und störende Beziehungen, Beziehungen, deren ontologische Verfasstheit Harmonie, Miteinander, ein Mitsein ausschließt: «Das Wesen der Beziehung zwischen Bewußtseinen [des consciences; P. K.] ist nicht das Mitsein, sondern der Konflikt.» (SN 747)

Wiederum steht am Anfang der Analysen Sartres eine phänomenologische Deskription, die des Blickes. Aber diese phänomenologische Beschreibung ruht auf einer ontologischen Struktur: Sartre geht davon aus, dass die Beziehung zwischen Bewusstseinswesen, zwischen Für-sich-Sein und anderem Für-sich-Sein, von Anfang an eine Seinsbeziehung darstellt – «[M]ein Bezug zu Anderen ist zunächst und fundamental eine Beziehung von Sein zu Sein» (SN 443) – und darum nicht von der Ebene der Erkenntnis aus erschlossen ist. Es ist eine Beziehung, die mich in meinem Sein wesenhaft vom Anderen abhängig sein lässt. Diese Abhängigkeit untermauert Sartre, wenn er gegen Ende seiner Untersuchung der Beziehung des Bewusstseins zur Welt feststellt: «Man *begegnet* dem Anderen, man konstituiert ihn nicht.» (SN 452)

Wo aber und wie begegne ich dem Anderen? Getreu seiner phänomenologischen Grundstellung verweist Sartre auf eine Emotion, eine Gestimmtheit, die mir schlagartig den Anderen oder besser, die Existenz des Anderen enthüllt: die Scham. Ich bin – allein – in der Weise des Für-sich-Seins das, was ich nicht bin, und bin nicht, was ich bin, ich bin nichtsetzendes Bewusstsein von Welt – ich tue etwas, ich sehe zum Beispiel durch ein Schlüsselloch, um zu erfahren, was sich im dahinter liegenden Zimmer abspielt, und werde dabei gesehen. Ich schäme mich. Sartre will nun nachweisen, dass diese Scham kein reflexives Phänomen darstellt, sondern der Vermittlung durch den Anderen bedarf. In der Scham wird für ihn ein Sein entdeckt, das «mein Sein ist, ohne für-mich-zu sein» (SN 405).

Denn das Schämen ist für Sartre in seiner Grundstruktur ein Sich-Schämen vor Anderen, vor jemandem, ich schäme mich meiner, wenn ich etwa als neugierig ertappt werde, vor dem Anderen. Kurz: In den Strukturen meines Für-sich-Seins ist für die Scham kein Platz. Ich kann für mich selbst – auf Grund der Nichtungsstruktur des Für-sich-Seins – ja niemals meinen Status als Objekt erreichen, aber der Andere legt mir diesen Objektstatus gewissermaßen bei. Ich erfahre mich in der Scham als eifersüchtig, neugierig, als Lügner, als unzuverlässig oder was auch immer. Der Andere hat mich somit auf einen Seinstypus hin konstituiert: auf das Für-Andere-Sein, das «L'être-pour-l'autrui». Gleichzeitig ist mir aber auch der Andere selbst erschlossen worden, vor aller Reflexion und vor aller erkenntnismäßigen Beziehung zu ihm: Er ist mir unmittelbar gegeben – ohne die Vermittlung über die Welt, in der er vorkommt.

Stellt so die Scham eine ausgezeichnete Emotion dar, in der ich die Erfahrung des Für-Andere-Seins (später werden auch Stolz, Eitelkeit oder Furcht hinzugefügt) mache, so ist es ein anderes Phänomen, an dem Sartre die Grundstrukturen dieses Für-Andere-Seins freilegt: der Blick. Im Blick, den Sartre auch das «Urverhältnis», die fundamentale Beziehung zum Sein des Anderen nennt, sind im wesentlichen die Grundstrukturen meiner Beziehung zum Anderen enthalten. In einem Lehrstück phänomenologischer Betrachtungsweise zeigt Sartre auf, dass die Wahrheit des Blicks eigentlich im Erblicktwerden liegt, dass es der Blick des Anderen ist, der mir eine Seinsweise zulegt, die mir in meinem Für-sich-Sein entgeht. «Das ‹Vom-Andern-gesehen-werden› ist die *Wahrheit* des ‹Den-Anderen-sehens›.» (SN 464)

Dabei fängt alles eher harmlos an: Die Anwesenheit des Anderen in der Welt scheint diesen zunächst in keiner Weise von anderen Objekten oder Dingen in der Welt zu unterscheiden. Der Andere, der in meinem Wahrnehmungsfeld auftaucht, taucht ebenso auf wie eine Bank, ein Baum, ein Berg, ein Objekt unter Objekten, und eine der Weisen, wie mir der Andere begegnet, ist auch die des Objektseins. Aber, wie Sartre an Hand einer Szene in einem Park zeigt, ist dieses Objekt ein ganz besonderes, es entfaltet sich schließlich zu einem Etwas, das mein eigenes Für-sich-Sein in Frage stellt. Wäre der Andere nicht ein anderer Mensch, sondern eine Puppe, würde er von mir als auf der Parkbank sitzend ebenso konstituiert werden wie die Bank selbst. Während sich aber alles andere in diesen Konstitutionszusammenhang bringen lässt – die Pappel ist zwei Meter von mir entfernt, zwischen dem Rasen und einer Bank beträgt der Abstand zehn Meter –, erfahre ich durch das Auftauchen des Anderen plötzlich eine Desintegration dieses Konstituierungszusammenhanges: Die Welt entgleitet mir, sie dezentrisiert sich, sie fließt ab, wie Sartre auch formuliert, auf den Anderen hin. Oder, noch drastischer: Der Andere erscheint als jener, «der mir die Welt gestohlen hat» (SN 462).

Denn der ursprüngliche Andere ist eben jener, der mich anblickt. Die ständige Möglichkeit, vom Anderen gesehen zu werden, ist es, die meine Grundbeziehung zum Anderen ausmacht, wobei es zunächst gar nicht der konkreten Anwesenheit des Anderen, des Blickes, der aktuell auf mich gerichtet ist, bedarf. Entscheidend ist das Bewusstsein erblickt zu werden, festgelegt zu sein, in meinem Für-sich-Sein zu erstarren. Es liegt natürlich nahe, in diesem Zusammenhang wieder auf Sartres Autobiographie *Die Wörter* zurückzugreifen, wo die strafenden Blicke der Erwachsenen dem kleinen Jean-Paul sein Dasein enthüllen und der allgegenwärtige Blick Gottes ihn überallhin verfolgt.

Der Blick des Anderen verwandelt mich in meinem Für-sich-Sein. Er macht mich zu dem, was ich bin, zu dem, was ich für mich nie sein kann, oder anders formuliert: Unter dem Blick des Anderen werde ich zu einem An-sich – so wie ich bereits angesichts des Todes verurteilt bin, nur noch durch den Anderen zu existieren.

Sartre wird nicht müde, diese grundsätzliche Auffassung zu variieren und auszubauen: Meine Vergegenständlichung, mein Objektsein

– ich bin eifersüchtig, gewissenlos und so fort – bedeutet gleichzeitig meine Entweltlichung und Verweltlichung. Einerseits wird mir meine Welt durch den Anderen entfremdet, andererseits werde ich selbst in die Welt gestoßen, zu einem Stück Welt, ich werde verobjektiviert, vergegenständlicht, zum Gegenstand von Beurteilungen und Wertschätzungen des Anderen. Meine Freiheit, meine in der Struktur des Fürsich-Seins liegende Transzendenz ist bedroht, meine Möglichkeiten erstarren: Dem Blick des Anderen ausgesetzt, werde ich zum Objekt unter Objekten.

«Es genügt, daß der Andere mich anblickt, damit ich das bin, was ich bin. Zwar nicht für mich selbst, ich werde immer Bewußtsein bleiben; wohl aber für den andern. Wieder einmal erstarrt das nichtende Entweichen des Für-sich, wieder einmal bildet sich das An-sich an dem Für-sich neu. [...] [F]ür den Anderen *sitze ich*, wie dieses Tintenfaß *auf* dem Tisch *steht*; für den andern *bin ich* über das Schlüsselloch *gebeugt*, wie dieser Baum vom Wind *gebeugt* ist. So habe ich für den andern meine Transzendenz abgelegt.» (SN 473) Ähnlich verhält es sich mit meinen Möglichkeiten, die unter dem Blick des Anderen mir entfremdet werden: Unter dem Blick des Anderen büße ich meine Subjektivität ein, ich werde zu ‹irgendeinem› oder banaler ausgedrückt: «*[I]ch bin nicht mehr Herr der Situation*» (SN 478), «[ich *erlebe*] mich als mitten in der Welt erstarrt, als in Gefahr, als unheilbar.» (SN 483)

Alle diese Verwandlungen gipfeln in einer Bedrohung dessen, was für Sartre das Sein des Für-sich ausmacht: die Freiheit. Denn gerade meine Freiheit ist unter dem Blick des Anderen in höchster Gefahr. Einer der zentralen Sätze in diesem Zusammenhang lautet: «So konstituiert mich das Gesehenwerden als ein wehrloses Sein für eine Freiheit, die nicht meine Freiheit ist.» (SN 481 f.) Einer Freiheit, die aber zugleich Bedingung meines Seins ist. Denn ich bleibe trotz der vorhin genannten Verwandlungen meines Für-sich-Seins für mich: «So läßt mich im Blick der Tod meiner Möglichkeiten die Freiheit des Andern erfahren; er wird nur innerhalb dieser Freiheit realisiert, und ich bin Ich, für mich selbst unerreichbar und dennoch ich selbst, in die Freiheit des Andern geworfen und in ihr verlassen.» (SN 487)

Einerseits ist es also eine Entfremdung meiner Freiheit, die mir das Sein für den Anderen zufügt – ich bin diesem gleichsam wehrlos ausgeliefert –, andererseits wird aber gerade dieses Erblicktwerden zu einer notwendigen Bedingung, um mich selbst als Ich zu erfahren. Ich kann für mich auf Grund der unaufhebbaren, wesentlichen Nichtungsstruktur meines Seins ja nie ein «Etwas» sein. Darum wird für Sartre der Andere auch zur «konkrete[n] und transzendente[n] Bedingung» meiner Gegenständlichkeit (SN 493). Mein Für-Andere-Sein ist gleichsam ein Sturz auf diese Gegenständlichkeit zu.

Alle diese an mir selbst erfahrenen Veränderungen gipfeln für Sartre schließlich in der Anerkennung der unableitbaren Existenz des Anderen, dem ich eben durch die skizzierten Erfahrungen begegne und den ich nicht konstituiere: «Das Faktum des Anderen ist unbestreitbar und trifft mich mitten ins Herz. [...] [D]er Andere erscheint mir nicht als ein Sein, das zunächst konstituiert ist und mir dann begegnet, sondern als ein Sein, das in einem ursprünglichen Seinsbezug zu mir auftaucht und dessen Unbezweifelbarkeit und *faktische Notwendigkeit* die meines eigenen Bewußtseins sind.» (SN 494)

Was aber ist dieser Andere, den ich zunächst als Objekt innerhalb meines Wahrnehmungshorizontes erfahren habe? An Hand der Abwesenheit und dem Leitfaden des Erblicktwerdens folgend zeigt Sartre, dass es nicht der Andere als Objekt, sondern der Andere als Subjekt sein muss, der mir unbezweifelbar in meiner eigenen Seinsstruktur gegeben ist. Darum kann mein Blick, der sich auf den Anderen richtet, prinzipiell nur eine zweitrangige Reaktion sein. Ontologisch und prinzipiell geht der von Sartre als Subjekt-Anderer bezeichnete, mich erblickende Andere voraus. Er ist es, den ich in den tiefsten Tiefen meiner selbst finden muss – als jenen, der nicht ich ist, wie Sartre sich auch ausdrückt (vgl. SN 455).

Damit kommt jene «innere Negation» ins Spiel, die anlässlich Sartres Bewusstseinsanalyse des Für-sich-Seins nunmehr eine Art Verdoppelung enthält und Sartres Anleihen an die Dialektik Hegels durchscheinen lässt. Denn trotz der Kritik an dieser Dialektik, mit der Sartre keineswegs sparsam umgeht, steht Hegels Herr-Knecht-Dialektik ebenso im Zentrum dieser Ausführungen wie Heideggers Mitseinsanalyse. Aber auch wenn Sartre in seiner ausführlichen Hegelkritik rühmend hervorhebt, dass Hegel die Reziprozität dieses Verhältnisses zum Anderen, seine ontologische Bedeutung und auch diejenige der inneren Negation genau erfasst habe, bleibt doch die im Kampf auf Leben und Tod der Selbstbewusstseine angekündigte Versöhnung für Sartre unannehmbar (vgl. dazu Kampits 1975, bes. 63 ff.). Gleichwohl erweist sich das mir vom Anderen zugelegte Sein, der Andere, der nicht ich ist und den ich im tiefsten Inneren meiner selbst finde, als Verneinung jener Negation, die ich als eigenes Nichts bin.

Ich muss mich vom Anderen losreißen in einer Bewegung, die sowohl Anerkenntnis des Anderen wie auch dessen Negation ist. Gerade diese Negation bedeutet aber für Sartre Negation und «Setzung» des Anderen in einem: Eben das Sichlosreißen, das Negieren dessen, worauf mich der Andere festgelegt hat, bewirkt, dass es den Anderen gibt. Ich anerkenne den Anderen, indem ich mein mir von ihm zugelegtes Ich negiere und aberkenne.

Was äußerst kompliziert klingt, kann durch eine andere Überlegung Sartres vielleicht klarer gemacht werden: Der Andere legt mein stets entgehendes Ich fest, er objektiviert dieses Ich, das ich zunächst anerkenne. Zugleich aber reiße ich mich – infolge der Grundstruktur meines Für-sich-Seins – wiederum von diesem Ich los. Ich lehne mein abgelehntes Ich ab und bestimme mich als ich selbst durch Ablehnung des abgelehnten Ich. Dadurch trete ich mit dem Anderen in einen Konflikt: Die Verwirklichung meiner Selbstheit verlangt sowohl die Anerkennung wie auch letztlich die Vernichtung des Anderen. Das entfremdete und zurückgewiesene Ich wird beides: Verbindung mit dem Anderen und Geschiedenheit von ihm.

Daraus folgt für Sartre, dass es im Grunde nur zwei Haltungen gegenüber dem Für-Andere-Sein und damit gegenüber dem Anderen geben kann: entweder das mir vom Anderen beigelegte Sein zu leugnen und meinerseits den Anderen zu objektivieren – eine Möglichkeit, die in meiner nichtenden Struktur der Freiheit liegt – oder mich der Freiheit des Anderen zu bemächtigen, ohne sie ihres Freiheitscharakters zu berauben, oder mit Sartres eigenen Worten: «Die Transzendenz des Andern transzendieren, oder aber diese Tranzendenz in mich aufzunehmen, ohne ihr ihren Transzendenzcharakter zu nehmen, das sind die beiden ursprünglichen Haltungen, die ich dem Andern gegenüber einnehme.» (SN 636) Und Sartre vergisst nicht hinzufügen: «Diese beiden Versuche, die ich bin, sind entgegengesetzt. Jeder von ihnen ist der Tod des anderen Versuchs. Es gibt also keine Dialektik meiner Beziehungen zu Anderen, sondern einen Zirkel» (SN 637), der einfacher beschrieben wiederum heißt: Eliminieren des Anderen oder Assimilieren. Es erübrigt sich, eigens hinzufügen, dass beide Versuche zum Scheitern verurteilt sind.

Nicht zufällig hat Sartre in dem Theaterstück *Geschlossene Gesellschaft* die Thematik des Blicks in den Mittelpunkt gerückt, des Blicks, der mich in Gestalt eines Besessenwerdens mein Für-Andere-Sein erfahren lässt. Die Gestalten in diesem Drama sind dazu verurteilt, schutzlos und auf alle Ewigkeit den Blicken des Anderen ausgesetzt zu sein. Absolute Immanenz – es gibt keinen Ausweg –, absolute Zeitlosigkeit, die Notwendigkeit, angesichts der Anderen zu existieren: Dies ist für Sartre die Hölle, in der es keinen Bratenrost, keinerlei körperliche Qualen gibt, nur die unabwendbare Anwesenheit der Anderen. Zugleich sich in Freiheit verwirklichen und für-Andere-Sein zu müssen, darin besteht die Hölle. Die drei Figuren dieses Dramas werden unter dem Blick und der Anwesenheit des Anderen auf das reduziert, was sie sind – alle drei betrügerische Mörder, die nun schutzlos dem Blick des Anderen ausgeliefert sind, einer des Anderen Folterknecht. Dieses Besessensein durch den Anderen, diese Schutzlosigkeit oder dieses Ausgesetztsein zeigt sich für Sartre ebenso an der Leiblichkeit. Hier wiederholt sich das Ineinander von Für-sich-Sein und Für-Andere-Sein, auch wenn Sartre beide Ebenen streng getrennt sehen will. Als Für-sich-Sein ist es der Leib, der mir die Welt vermittelt, im Horizont des Für-Andere-Seins ist der Leib etwas, was als «Ding», als Objekt in der Welt vorkommt. Auf der Ebene des Für-sich-Seins ist der Leib Faktizität und als solche, wie Sartre betont, die vom Für-sich existierte Kontingenz, oder anders ausgedrückt: Ich existiere meinen Leib einerseits, mein Leib wird vom Anderen andererseits wahrgenommen, erkannt oder gebraucht. Als dritte Dimension tritt nun jene Entfremdung des Leibes auf den Plan, die mit dem Erkanntsein durch den Anderen realisiert wird. Dabei kommt wiederum der Blick in voller Eindringlichkeit zum Tragen: Der Andere sieht mich, wie ich bin, er verweist mich vom «existierten Leib» auf den Leib, wie er ist.

3.5 Die konkrete Beziehung zum Anderen

Diese Grundkonstellation des Konflikts und der Unausweichlichkeit des Scheiterns meiner Beziehungen zum Anderen prägt auch Sartres Darstellung der konkreten Beziehungen, die ich gegenüber dem Anderen einzunehmen vermag. Denn «das Auftauchen des Anderen (trifft) das Für-sich», wie Sartre etwas pathetisch formuliert, «mitten ins Herz» (SN 635). Ich erfahre ja mein Für-Andere-Sein als Besessenheit durch den Anderen, der das Geheimnis dessen, was ich bin, besitzt, vor dem ich in meiner Leiblichkeit entblößt bin, der meinen Leib sieht, wie ich ihn nie sehen kann (vgl. SN 638). Aus der bisher dargelegten Struktur des Für-sich-Seins geht aber auch hervor, dass diese Haltungen ausschließlich solche gegenüber jenem Objekt sind, das ich für Andere bin. Kennzeichnend ist dabei, dass Sartre sich auf eher sexual-pathologische Grundverhaltensweisen bezieht wie Masochismus und Sadismus oder darüber hinaus die Begierde.

Auch die Liebe stellt für Sartre den Versuch dar, unter Anerkennung der Andersheit des Anderen mir seine Freiheit einzuverleiben, das heißt, sie unter Anerkenntnis ihrer Freiheit gleichwohl in Besitz zu nehmen. Denn damit würde ich mich selbst als meinen realisierten eigenen Grund, also jenes An-sich-Sein erreichen, das die Freiheit des Anderen ist. Ich wäre mein eigener Grund, ich wäre gerechtfertigt.

Es liegt auf der Hand, dass diese ungewöhnliche Art und Weise, an ein Phänomen wie die Liebe heranzugehen, ein etwas eigenartiges Licht auf diese wirft, zumal es für Sartre auch in der Liebe nur den Ausgang von der eigenen Subjektivität gibt. Darum erscheint Lieben im Grunde als Geliebtwerdenwollen. Nur so, meint Sartre, kann die Liebe ihr Ideal, *«auf die Freiheit der Anderen einzuwirken»* (SN 641), aufrechterhalten.

Dieses Einwirken auf die Freiheit des Anderen, die dann meiner Freiheit unterworfen wäre, versucht der Liebende durch die Verführung zu erreichen, in der er die fremde Freiheit sich dazu bestimmen lassen will, zu lieben. Denn der Liebende will den Geliebten nicht als Objekt besitzen, sondern er will, dass dieser ihn sozusagen «aus freien Stücken» liebt. Um dies zu erreichen, darf ich keineswegs meine Gegenständlichkeit für den Anderen abzuwerfen versuchen. Ich muss sie im Gegenteil noch verstärken, indem ich mich zum verführerischen Objekt mache, um den Anderen ganz und gar in meinen Bann zu ziehen. Sollte mir dies gelingen, würde sich in meiner Objektheit die Freiheit des Anderen gleichsam verlieren – ich wäre auf dem Wege, die Freiheit des Anderen als Freiheit zu besitzen. «Während wir, bevor wir geliebt wurden, beunruhigt waren von dieser ungerechtfertigten Protuberanz, die unsere Existenz war, während wir uns als ‹zu viel› fühlten, fühlten wir jetzt, daß diese Existenz in ihren kleinsten Einzelheiten von einer absoluten Freiheit übernommen und gewollt wird, deren Bedingung sie gleichzeitig ist – und daß wir uns selbst samt unserer eignen Freiheit wollen. Das ist der Grund für die Liebesfreude, wenn sie existiert: uns gerechtfertigt fühlen, daß wir existieren.» (SN 649f.)

Allerdings hat dies alles zur Voraussetzung, dass der Andere mich ebenfalls liebt. Notfalls muss er durch die Verführung dazu gebracht werden. Gerade dadurch aber gerät das gesamte Modell wieder in die Struktur des Konfliktes: Jeder will jetzt das Objekt sein, in dem sich seine eigene Freiheit entfremdet. Denn ich will ja auf seine Freiheit einwirken und erreichen, dass er sich gleichsam als absolute Subjektivität entwirft und behauptet. «[S]obald er mich liebt, empfindet er mich als Subjekt und versinkt angesichts meiner Subjektivität in seine Objektivität. Das Problem meines Für-Andere-seins bleibt also ungelöst, die Liebenden bleiben jeder für sich in einer totalen Subjektivität; nichts beseitigt ihre Kontingenz oder rettet sie vor ihrer Faktizität.» (SN 658)

Gegen Ende seiner Analyse spricht Sartre von der Liebe sogar als von einem Betrug, da lieben eben heiße, zu wollen, dass man mich liebt, also zu wollen, dass der andere will, dass ich ihn liebt.

Natürlich ließen sich angesichts dieser Beschreibung der Liebe so manche Fragen stellen, die im Grunde darauf abzielen, Sartres eigene Liebesfähigkeit zu thematisieren oder ihm ein völliges Verkennen des Phänomens Liebe vorzuwerfen. Auch der Rekurs auf die von ihm entworfene «existentielle Psychoanalyse», in der Besitz, Begierde und Sexualität keine geringe Rolle spielen, oder ein Wühlen in Sartres Kindheit und Adoleszenz könnten das eine oder andere Licht auf diese Art der Deutung des Phänomens Liebe werfen. Verbleibt man dagegen in der von Sartre dargestellten ontologischen Grundstellung des Für-sich-Seins, so erscheint seine Sicht auf die Liebe durchaus konsequent und überzeugend. Lassen wir es darum bei einer Unterscheidung Gabriel Marcels bewenden, der seinerseits vor allem in seinem Werk *Etre et avoir* zwischen einer besitzenwollenden Liebe und einer darbietenden oblativen differenziert (vgl. Marcel 1954).

Angesichts der bisherigen Beschreibungen verwundert es nicht, dass Sartre anlässlich der zweiten Grundhaltung gegenüber dem Anderen neben der Gleichgültigkeit die Begierde, den Hass und den Sadismus anführt. Sie alle stellen den Versuch dar, sich der Freiheit des Anderen durch seine Gegenständlichkeit hindurch zu bemächtigen und damit die eigene Freiheit zu affirmieren.

In der sexuellen Begierde, der Sartre den längsten Teil seiner diesbezüglichen Überlegungen widmet, will ich die Freiheit des Anderen dadurch erhalten, dass ich sie in ihrer Faktizität sich gerinnen oder – wie Sartre auch formuliert – «verkleben» lasse.

Die Begierde, die sich letztlich als Seinsbegierde darstellt – und damit als eine Grundstruktur der Konstitution des Für-sich-Seins als Mangel erscheint – verweist auch auf eine veränderte Bedeutung der Sexualität. Diese zeigt sich als ein Grundcharakteristikum des Für-Andere-Seins und nicht bloß als eine durch das Vorhandensein von Geschlechtsorganen zum menschlichen Dasein hinzukommende «Draufgabe». Deshalb sind es weder die Biologie noch die Psychologie, die für die Sexualität zuständig sein können, sondern es ist die Ontologie.

Auf der Grundlage der Leiblichkeit, wie sie Sartre entfaltet hat, geht es der Begierde nun darum, den Anderen auf seine Objektheit für mich zu reduzieren und mich darin seiner Freiheit zu bemächtigen, ohne aber diese Freiheit zu zerstören, das heißt, ohne den Anderen zu einem bloßen Gegenstand in der Welt zu machen. Der Leib des Anderen als solcher muss mir die Freiheit und Transzendenz des Anderen preisgeben. Dies geschieht nach Sartre, indem ich mich «zu Fleisch mache *in Anwesenheit des Andern, um mir das Fleisch des Andern anzueignen*» (SN 680).

Ich muss in der Begierde ja zu erreichen suchen, dass der Andere nicht bloß für mich als Fleisch erscheint, sondern dass er auch für sich nichts als Fleisch wird, sich sein Bewusstsein, seine Freiheit im Leib «verklebt», wie Sartre in detaillierten Darstellungen der sexuellen Akte zeigt, wobei er jedoch immer wieder darauf verweist, dass der Koitus nicht das Ziel der Begierde sein kann, und dass der Geschlechtsakt nur eine kontingente Modalität unseres Geschlechtslebens sei.

Aber auch die Begierde ist aus mehreren Gründen einem grundlegenden Scheitern unterworfen: Zum einen, weil sie mit dem sexuellen Akt ihr Ende findet und der fleischgewordene Leib des Anderen wiederum zu einem Gegenstand in der Welt wird, zum anderen, weil in ihr mein Leib selbst zum Instrument werden muss, das ich gegenüber dem Anderen einsetze: «Ich finde mich beinah in der Situation wieder, aus der ich durch die Begierde gerade herauszukommen suchte, ich versuche den Objekt-Andern zu benutzen, um von ihm Aufschluß über seine Transzendenz zu fordern, und er entgeht mir um seine *ganze* Transzendenz, eben weil er *ganz* Objekt ist.» (SN 696)

Ähnliches geschieht im Sadismus: Hier will ich direkt versuchen, die Fleischwerdung des Anderen unter Verzicht auf meine eigene Fleischwerdung zu realisieren, den Anderen also als Instrument benutzen, um seiner Freiheit habhaft zu werden.

Das Scheitern der Sadisten ist ebenso vorgezeichnet wie das der Begierde: Denn was der Sadist erreicht, ist die Freiheit als eine Eigenschaft des Objekt-Anderen – nicht aber jene Freiheit, die als transzendente Freiheit sich grundsätzlich entzieht.

Dies gilt letztlich auch für den Hass, der den Versuch darstellt, sich des Für-Andere-Seins prinzipiell zu entledigen, den Anderen zu beseitigen. Damit ist er mit einer Art Absolutsetzung meiner eigenen Freiheit verbunden, die den Anderen auf immer in einem Objektstatus hält. Ich hätte damit mein Für-sich-Sein wiedererobert, der Andere wäre nicht mehr als ständige Möglichkeit meiner Entfremdung, als Bedrohung und Gefährdung meiner eigenen Freiheit gegenwärtig. Der Hass richtet sich darum eigentlich nicht gegen einen bestimmten Anderen, sondern gegen den Anderen überhaupt, gegen «das allgemeine Prinzip der Existenz Anderer» (SN 718). Aber auch dieses Vorhaben ist zum Scheitern verurteilt. «Wer einmal für Andere gewesen ist, ist in seinem Sein für den Rest seiner Tage verseucht, auch wenn der Andre völlig beseitigt worden wäre: er wird auch weiterhin seine Dimension des Für-Andere-seins als eine permanente Möglichkeit seines Seins erfassen.» (SN 719)

Dieser Konflikt, dieses antagonistische Grundmodell lässt sich auch nicht durch die Möglichkeit einer ontisch-phänomenal erfahrbaren Gemeinsamkeit widerlegen. Solidarität, Gemeinschaft kann nach Sartre keine ontologische Struktur der «réalité humaine» darstellen. Wohl konzediert er, dass es solche Wir-Erfahrungen durchaus gibt, dass aber das darin implizierte Sein mit Anderen eine sekundäre Erfahrung darstellt und dass das Für-Andere-Sein diesem Wir vorausgeht und zugrunde liegt.

Die in dieser Wir-Erfahrung aufscheinende Möglichkeit einer intersubjektiven Beziehung spaltet sich gemäß dem Urphänomen der Beziehung zum Anderen in die eines Subjekt-Wir und eines Objekt-Wir, die dem Erblickend-Sein und Erblickt-Werden entspricht.

Sartre beginnt nun mit einer Untersuchung des Objekt-Wir, das auf den ersten Blick ein gemeinsames Entfremdetwerden, ein gemeinsames Erblicktwerden impliziert. Während die bisherige Analyse nicht über eine Zweierbeziehung hinausging, erfolgt jetzt der Auftritt eines Dritten, der uns anblickt oder den wir erblicken, jener Dritte, der später in der *Kritik der dialektischen Vernunft* entscheidende Bedeutung erhalten wird.

Sartres Beispiel ist das einer Schlägerei zwischen mir und dem Anderen, die von einem Dritten beobachtet wird. Damit verändert sich die Situation grundlegend: Während ich mich in der dualen Situation der Zweierbeziehung in jenem Kreislauf der gegenseitigen Objektivierung und Freiheitsaffirmation befinde, der schon mehrfach beschrieben worden ist, erfahre ich nunmehr mein «Draußensein» als eine Art Gestaltung zu einem objektiven Ganzen, in dem ich mich nicht mehr vom Anderen unterscheide. Anders formuliert: Ich erfahre eine Vertiefung meiner Entfremdung, unser Konflikt, der sich aus dem Auftauchen unserer Freiheiten konstituierte, wird zu einem faktisch Gegebenen, etwa in der Art: Die zwei prügeln einander. Damit werde ich zu einem unter Anderen, meine Entfremdung durch den Blick des Anderen intensiviert sich. Nicht ich schlage mich mit dem Anderen, wir schlagen uns: «Wer erfährt, daß er mit den anderen Menschen ein *Wir* konstituiert, fühlt sich zwischen unendlich vielen fremden Existenzen verklebt, ist radikal und rückhaltlos entfremdet.» (SN 730)

Ist aber schon das Objekt-Wir nur eine Modifizierung oder Anreicherung des Für-Andere-Seins, so spricht Sartre dem Subjekt-Wir allenthalben eine psychologische, keineswegs aber eine ontologische Bedeutung zu. Es handelt sich, wie Sartre am Beispiel von Passagieren der Pariser Metro zu zeigen versucht, um ein von außen, durch die Gegebenheiten zusammengewürfeltes Wir, das in seiner Struktur eher dem «Man» Heideggers entspricht, etwa «Ich steige dort ein, wo ‹man› einsteigt, um zu einer bestimmten Station zu gelangen.» Es gibt höchstens jenen undifferenzierten Blick, der die Zuschauer im Theater oder die Besucher einer Caféterrasse anlässlich eines davor sich ereignenden Unfalles zu einem Wir macht. Wir finden hier eine «dumpfe Gemeinschaftsexistenz» (SN 447) vor, wie sie Sartre bereits anlässlich seiner Kritik am Mitsein Heideggers festgestellt hatte.[2]

Auch die Wir-Erfahrungen vermögen nichts daran zu ändern, dass Gemeinsamkeit, dass eine gelingende Beziehung zum Anderen ausgeschlossen bleibt. Der Konflikt und nicht das Mitsein bleibt das Wesen der Beziehung zwischen den «réalités humaines». Man kann darin eine Art Stärke der Nichtigkeitsontologie Sartres erblicken, aber auch seine Theorie des Anderen als eine Umkehrung des von ihm kritisierten transzendentalphilosophischen Ansatzes ansehen: Nicht der Andere, aber das Ich ist im Für-Andere-Sein Objekt eines Weltentwurfes. Und man kann auch die Meinung vertreten, dass diese Umkehr, die von Anfang an nicht radikal genug war, eine Art Umkehrung der Umkehrung darstellt (so etwa Theunissen 1965).

Wie auch immer: Der Kampf der Freiheiten bedeutet für Sartre, wie sich bereits gezeigt hat, keine Beschränkung meiner Freiheit, auch nicht unter dem Blick des Anderen, der mich, wie im Mythos der Medusa, zu versteinern vermag. Denn aus der so ausgelegten Beziehung zum Anderen kann Sartre folgern, dass der Andere zwar eine reale Grenze der Freiheit darstellt, dass diese aber ebenso zur Situation im allgemeinen gehört wie alle anderen vermeintlichen Grenzen der Freiheit. Trotz der mörderischen Kreislaufdialektik in meiner Beziehung zum Anderen bleibe ich frei, nicht zuletzt auch deshalb, weil ich mich in Übernahme des Für-Andere-Seins als Freiheit wähle, die durch den Anderen begrenzt ist. Dadurch immunisiert Sartre das Für-sich-Sein erneut, indem diese Begrenzung zu einer äußeren wird, die weder meinen Entwurf vernichtet noch eine Begegnung mit ihr ermöglicht: «Die Freiheit ist total und unendlich, was nicht sagen will, daß sie *keine Grenzen habe*, sondern daß sie ihnen *nie begegnet*. Die einzigen Grenzen, auf die die Freiheit jeden Augenblick stößt, sind die, die sie sich selbst auferlegt» (SN 914).

3.6 Gott, Urwahl und die existentielle Psychoanalyse

Der auf Grund der Nichtigkeitsstruktur der «réalité humaine» von Sartre konstatierte Ur- und Grundentwurf des Für-sich-Seins, sich zum An-sich-Für-sich zu verwandeln, ist bekanntlich zum Scheitern verurteilt. Doch nicht nur hier taucht der Gottesbegriff innerhalb des Sartreschen Philosophierens auf. Er durchzieht auch viele andere Überlegungen innerhalb des ontologischen Entwurfes in *Das Sein und das Nichts* ebenso wie den Freiheitsgedanken im Ganzen.

Es wurde bereits erwähnt, dass Sartre sich in dieser Schaffensperiode ausdrücklich zu einem atheistischen Existentialismus bekennt. Inwieweit dieser für das Philosophieren Sartres insgesamt von großer Bedeutung ist, ist umstritten.[3] Es sei in diesem Zusammenhang einerseits an Sartres Aussage in der Existentialismusschrift erinnert, dass auch die Existenz Gottes nichts an unserer Grundbefindlichkeit ändern würde. Anderseits enthält Sartres Konzeption des Für-sich als eine der wesentlichen Grundstrukturen dieses Seins den Versuch einer Selbstbegründung, den Sartre immer wieder unumwunden mit dem traditionellen Gottesbegriff der «ens causa sui» zusammenbringt. Gegen Ende von *Das Sein und das Nichts* heißt es in unüberbietbarer Klarheit und Vereinfachung: «Mensch sein heißt danach streben, Gott zu sein, oder, wenn man lieber will, der Mensch ist grundlegend Begierde, Gott zu sein.» (SN 972)

Gott, als das absolut blickende Subjekt, als der «ewige» Blick, ist der Grenzbegriff der Andersheit. In Hinblick auf die Beziehung zum Anderen würde dies bedeuten, dass ich vor Gott als dem absoluten Subjekt reiner Gegenstand wäre, dass ich also gar nicht existieren könnte. Im Theaterstück *Der Teufel und der liebe Gott*, das man auch als das «Faust-Drama» Sartres bezeichnet hat (Biemel 1964, 90), und in dem es unter anderem um die Auseinandersetzung mit Gott, dem Übel und dem Guten geht, hat Sartre dies eindrucksvoll dem Hauptdarsteller Götz in den Mund gelegt: «Ich flehte, ich rang um ein Zeichen, ich sandte dem Himmel Botschaften zu, doch es kam keine Antwort. In jedem Augenblick fragte ich mich, was ich in den Augen Gottes wohl sei. Ich kenne die Antwort jetzt: nichts. Gott sieht mich nicht, Gott hört mich nicht, und Gott kennt mich auch nicht. Du siehst diese Leere zu unsern Häupten? Diese Leere ist Gott. Das Schweigen ist Gott. Die Abwesenheit ist Gott, die Verlassenheit der Menschen ist Gott. Was da war, war einzig ich: ich allein habe mich für das Böse entschieden, habe das Gute erfunden. Ich habe betrogen und Wunder getan, ich selber klage mich heute an, und auch freisprechen kann nur ich mich, der Mensch. Wenn Gott existiert, ist der Mensch ein Nichts; wenn der Mensch existiert ...» (TlG 131 f.)

Sartres Gott ist der mich anblickende Gott, jener Gott des kleinen Jean-Paul, wie Sartre in seiner Autobiographie *Die Wörter* berichtet: Der Gott, der ihn ansah, nach einer kindlichen Missetat, und den er schließlich aus seiner Erfahrung verbannte: «Gott sah mich seitdem nie wieder an.» (W 59)

Sartres Gott ist der Gott der Philosophen, die «ens causa sui», der Gott des Blickes, der Macht, der negative, feindliche Gott, zugleich aber Ziel der vergeblichen Anstrengung des Für-sich-Seins, sich seiner eigenen Kontingenz zu bemächtigen.

Dieses Ziel verweist uns auf jene Urwahl (choix original oder fondamental), die Sartre bereits dort angeführt hatte, wo es um die Zurückweisung des Vorwurfes ging, sein Freiheitsbegriff wäre ein solcher, der der Beliebigkeit und Willkür Tür und Tor öffnen würde.

Diese ursprüngliche Wahl determiniert mich bekanntlich nicht, sie bestimmt aber den konkreten Entscheidungsrahmen meiner Akte und Handlungen. Damit werden frühere Entwürfe zu einer Situation, die meine Freiheit mitbestimmt, zugleich aber wird es für Sartre möglich, in die Diskontinuität der prinzipiell jederzeit veränderbaren Zwecksetzungen und Handlungen eine bestimmte Kontinuität einzubringen, auch wenn ich jederzeit für die Negation meiner selbst und das Umstürzen alles Bisherigen frei bin.

Die darin liegende Ganzheit, die fern von allen Determinationen wie Anlagen, Charakter oder ähnlichem besteht, die zugleich aber auch in allen Lebensäußerungen und Verhaltensweisen enthüllt werden kann, soll mit einer Methode beschrieben werden, die Sartre als «existentielle Psychoanalyse» bezeichnet. Aufgabe dieser existentiellen Psychoanalyse ist es, die freie Wahl sichtbar werden zu lassen, in der sich das einzelne Für-sich-Sein zu dem bestimmt hat, was es sein wird. Dieser Vorrang der freien Bestimmung, trotz der hier verkündeten Ernstnahme von Umständen und anderen vorgegebenen Faktoren (Situation), soll aber auch über die Kehrseite der Freiheit, die Kontingenz, Aufschluss geben. Sie setzt also mit ihrer Analyse erst mit dem Auftauchen der menschlichen Freiheit ein (vgl. SN 656ff.). Damit unterscheidet Sartre seine existentielle Psychoanalyse sowohl von der empirischen Psychologie, die den Menschen als Bündel von Trieben und die Begierde als eine in ihnen verankerte Verhaltensweise versteht, als auch von der klassischen Psychoanalyse und deren Ausgang vom Unbewussten.

Die existentielle Psychoanalyse soll in einem modifiziert hermeneutischen Verfahren eine Entzifferung der Weisen des menschlichen Verhaltens liefern, das nach Sartres Überzeugung das Sein und nicht Grundbefindlichkeiten wie Sexualität und den Willen zur Macht in den Mittelpunkt rückt. Damit vermag sie für Sartre auch jener schöpferischen Freiheit und Spontaneität gerecht zu werden, die bereits in seinen früheren phänomenologischen Untersuchungen im Mittelpunkt stand. Nicht zufällig verweist er bereits in diesem Zusammenhang auf Flaubert, dem sein Alterswerk *Der Idiot der Familie* gewidmet sein wird, nicht zufällig enthält die Methodik der existentiellen Psychoanalyse bereits Grundelemente der von ihm dabei verwendeten «regressiv-progressiven Methode», die das «Einzelne, Allgemeine

Mensch», im Insgesamt seiner Bezüge darstellen soll und dem Individuell-Konkreten wie dem Allgemeinen gleicherweise Raum gibt. Ebenso wesentlich ist aber die Betonung der schöpferischen, insbesondere der künstlerischen Freiheit, deren Beziehung zur Welt schon immer auch eine Negation des Realen impliziert.

In dieser Freiheitskonzeption sind auch bereits die Haupt- und Grundthesen der literarischen Biographien Sartres angelegt: jene über Baudelaire, Genet, Mallarmé und Flaubert, um nur die wichtigsten herauszugreifen. In seiner Baudelaire-Studie behandelt Sartre die Frage nach der Freiheit freilich vor dem Hintergrund (und in Absetzung von) der weit verbreiteten Überzeugung, niemand könne etwas für sein Schicksal. «Wenn nun, entgegen den eingebürgerten Vorstellungen, die Menschen überhaupt nie ein anderes Leben hätten als das, welches sie verdienen?» (B 13)

Sartres Biographien unterscheiden sich insofern erheblich von herkömmlichen Biographien, sie lehnen ein Eingehen auf eine Abfolge von Ereignissen ab. Mit Baudelaire zum Beispiel geht Sartre nicht eben zartfühlend um, sondern macht ihn für sein eigenes Leben, für die gefühlsmäßige Abhängigkeit von seiner Mutter, ja selbst für seine Syphilis voll verantwortlich. Wenn auch das eigentlich traumatische Erlebnis Baudelaires in der Wiederverheiratung seiner Mutter liegt, als Baudelaire sieben Jahre alt war, so stellt sich Baudelaires Leben für Sartre insgesamt als eines in der Unaufrichtigkeit dar, in der Narzissmus und Selbsthass eine Synthese eingehen. Die Poesie, zu der Sartre lebenslang ein äußerst ambivalentes Verhältnis unterhielt, bleibt, wie eine Notiz aus den *Cahiers pour une morale* zeigt, ein Weg der «mauvaise foi» (C 42). Die Zuflucht zu einem Leben im Imaginären, die das künstlerische Sein Baudelaires ausmacht, ist in den Augen Sartres ein Ausweichen, eine Flucht vor der Tat und damit letztlich eine Flucht vor der Freiheit.

3.7 Freiheit und Verantwortung

Die Grundthese Sartres, wir seien zur Freiheit verurteilt, die Gleichsetzung von Existenz und Freiheit sowie die Notwendigkeit, für die «réalité humaine» handeln zu müssen, führen unausweichlich zum Problem der Verantwortung. Im Zusammenspiel von Faktizität und Freiheit zeigte sich, dass das Für-sich-Sein vergeblich versucht, dieser grundsätzlichen Freiheit zu entgehen. Diese Verantwortlichkeit ist für

Sartre nahezu erdrückend: Der Mensch, der dazu verurteilt ist, frei zu sein, trägt das gesamte Gewicht der Welt auf seinen Schultern (vgl. SN 950). Er ist für die Welt und für sich selbst voll verantwortlich. Ohne sich hier um eine differenzierte Sicht von Verantwortung oder Verantwortlichkeit zu kümmern, nennt Sartre auch sofort die für ihn entscheidende Dimension der Verantwortlichkeit: die Urheberschaft, die nicht von ungefähr an die künstlerische Tätigkeit erinnert.

Die Ursachen für diese Verantwortlichkeit sind bereits skizziert worden: Das Für-sich ist es, durch das es eine Welt gibt, und da es sich in seinen Entwürfen «macht», muss es auch die schlimmste und unerträglichste Situation akzeptieren. Es gibt keine Entschuldigungen: «Was mir zustößt, stößt mir durch mich zu, und ich kann weder darüber bekümmert sein, noch mich dagegen auflehnen, noch mich abfinden.» (SN 951)

Man könnte sagen, es bleibt Sartre auch nichts anderes übrig, als sich zu dieser Verantwortlichkeit zu bekennen, hat er doch in seinen langen und gewundenen Argumentationen jede Begrenzung der Freiheit abgelehnt. Dies führt zu jenen Aussagen, die nicht allein zu einer scharfen Zurückweisung der Position Sartres geführt haben, sondern auch für ihn selbst in seiner weiteren Denkentwicklung problematisch schienen: Auch der Gefangene in Ketten wäre frei, selbst eine Zwangssituation, wie etwa meine Einberufung im Falle eines Krieges, könnte keine Einschränkung meiner Freiheit darstellen. «Ein gesellschaftliches Ereignis, das plötzlich ausbricht und mich mitreißt, kommt nicht von außen; wenn ich in einen Krieg eingezogen werde, ist dieser Krieg mein Krieg.» (SN 951) Denn, wie Sartre weiter argumentiert, ich habe mich ihm nicht entzogen, sei es durch Fahnenflucht oder Selbstmord. Sicher ist er ein mir von außen aufgezwungenes Faktum, das aber erst im Licht meines freien Entwurfes seine Bedeutung erhält: Ich kann ihn – je nach meiner Situation – aber auch nicht bloß als Aufschub, als Befreiung von einer schwierigen familiären oder sozialen Situation deuten, sondern ich mache ihn zu meinem Krieg, indem ich ihn sozusagen Tag für Tag wähle. In ähnlicher Weise verweist Sartre drauf, dass der Sklave oder Knecht nicht weniger frei sei als der Herr: Der Sklave ist frei, seine Ketten zu zerbrechen, die Faktizität (Sklave sein) erhält ihren Sinn erst durch die freie Wahl, Sklave zu bleiben oder die Ketten zu zerbrechen. Denn die Freiheit hängt nicht von den realen Möglichkeiten ab, seine Ziele oder Entwürfe verwirklichen zu können (vgl.

SN 944 ff.). Ich bin verantwortlich für alles, außer für die Verantwortlichkeit selbst, dies ist die Faktizität der Freiheit, da ich eben nicht Grundlage meines Seins bin. In gewissem Sinn bin ich dann auch für die Faktizität meiner Geburt verantwortlich. Wohl habe ich weder gewählt, geboren zu werden, noch die Umstände, in die ich geboren wurde, das soziale Milieu, die Epoche meiner Geburt, aber ich übernehme – zustimmend oder abweisend – diese meine Geburt, als Faktizität.

Diese überzogen anmutenden Appelle Sartres an unsere Freiheit, die zugleich einen Appell darstellen, uns aus der Unwahrhaftigkeit zu befreien, erinnern nicht von ungefähr an Dostojewskij und sein «Jeder ist für alles verantwortlich» und bergen freilich die Gefahr in sich, dass eine derart weitgespannte Totalverantwortung abstrakt und letztlich leer bleibt. Vor allem aber überstrapazieren sie die Verantwortung *für*, während von einer Verantwortung *vor* jemandem keine Rede ist.

Die weitere Entwicklung des Denkens Sartres zeigt eine nicht geringe Infragestellung und Korrektur dieser Freiheitsauffassung durch ihn selbst. Immerhin gelingt es Sartre aber – nicht zuletzt vielleicht gerade auf Grund dieser Überspannung –, auf jene Haltungen der Ausreden, Ausflüchte und Bequemlichkeiten aufmerksam zu machen, die nicht nur auf dem Feld der Philosophie, sondern auch in unserer Lebenspraxis die geläufigen sind.

4. Der schwierige Umgang mit der Ethik

Im letzten Kapitel von *Das Sein und das Nichts* formuliert Sartre lapidar: «Die Ontologie könnte selbst keine moralischen Vorschriften formulieren. Sie beschäftigt sich allein mit dem, was ist, und es ist nicht möglich, aus ihren Indikativen Imperative abzuleiten.» (SN 1068) Dass aus dem Sein kein Sollen abgeleitet werden kann, ist ein alter Topos der Moralphilosophie, die sogenannte «naturalistic fallacy». Wohl aber bestimmt die Ontologie den Ursprung und die Eigenart des idealen Wertes, dem die menschliche Existenz grundsätzlich nachstrebt.

Es überrascht auch nicht weiter, wenn Sartre aus seiner Grundthese von der Freiheit heraus jedwede normative Ethik, jede Prinzipienethik in Frage stellt. Denn: Durch die Nichtigkeitsdimension des Für-sich-Seins und die die «réalité humaine» konstituierende Freiheit, durch die freie Spontaneität des Bewusstseins wird jede Beziehung auf objektive Werte oder Ziele von vornherein unterminiert. Das handelnde Subjekt und seine Freiheit bleiben alleinige Quelle aller Werte und Zielsetzungen.

Indem die existentielle Psychoanalyse, wie Sartre meint, auch als moralische Beschreibung den Sinn der verschiedenen Entwürfe beschreibt, zerstört sie zugleich den mit traditionellen normativen Setzungen verbundenen «Geist der Ernsthaftigkeit» und stellt uns vor die Entdeckung, «daß alle menschlichen Tätigkeiten äquivalent sind – denn sie zielen alle darauf ab, den Menschen zu opfern, um die *causa sui* auftauchen zu lassen – und daß sie alle grundsätzlich zum Scheitern verurteilt sind. So läuft es auf dasselbe hinaus, ob man sich einsam betrinkt oder Völker lenkt.» (SN 1071)

Sartre vergisst gleichfalls nicht hinzufügen, dass das einzige Kriterium nicht in den realen Zielen, sondern im Grad der Bewusstheit vom idealen Ziel – eben dem Erreichen des An-sich-Für-sich – liegen könne.

Lassen wir die mit derartigen Formulierungen verbundene und von Sartre sicherlich auch beabsichtigte Provokation beiseite. Denn entgegen allen traditionellen ethischen Konzepten, wie immer sie auch ihre Normativität begründen wollen, liegt für Sartre das grundsätzliche Problem der Moral in seiner Freiheitskonzeption, und damit tief in seinem ontologischen Grundgerüst begraben.

Das von Sartre im letzten Satz von *Das Sein und das Nichts* angekündigte Werk zur Moral ist nicht über Fragmente hinausgekommen, die *Aufzeichnungen zur Moral (Cahiers pour une morale)* sind erst posthum erschienen, auch wenn sie allein schon in der Chronologie ihrer Entstehung als das «missing link» zwischen den Theoriegebäuden der beiden philosophischen Hauptwerke *Das Sein und das Nichts* und *Kritik der Dialektischen Vernunft* bezeichnet wurden (Lesch 1989, 174). Bereits in seinem Frühwerk *Die Transzendenz des Ego* hatte Sartre darauf verwiesen, dass Ich und Welt in ihrer jeweiligen Existenz ausreichen, um «eine absolut positive Moral und Politik philosophisch zu begründen» (TE 92), und in seinen Kriegstagebüchern geht es immer wieder um das Problem einer Moral, von der es etwa im Buch über Genet heißt, sie sei «gleichzeitig unvermeidbar und unmöglich. Das Handeln muß sich in diesem Klima unüberschreitbarer Unmöglichkeit seine ethischen Normen geben» (G 294, Fn. 53).

Es gilt das zu vermeiden, was Sartre im genannten Buch auch als Mystifikation der Freiheit bezeichnet, welche sich auf beide Seiten der Freiheit, Freiheit als Negation des Bestehenden und als Gestaltungsmöglichkeit, erstreckt. Darin liegen die Ursprünge für das Gute und das Böse, die für Sartre zunächst ontologische Bedeutung besitzen, indem das Gute ohne das Böse zum reinen Sein würde, das Böse ohne das Gute hingegen zum reinen Nichtsein. Im Drama *Der Teufel und der liebe Gott* wird der Versuch, das absolut Gute oder das absolut Böse zu realisieren, in packender Weise in seinem Scheitern vorgeführt. Die Herausforderung, die Götz annimmt, nur das Gute zu tun, endet mit einem Mord, denn gut und böse sind unsere eigenen Wertungen und Taten: «Ich wollte das Gute: Torheit! Auf dieser Welt und zu dieser Zeit sind Gut und Böse verquickt; ich muß mich abfinden, böse zu sein, um gut werden zu können.» (TlG 135)

Nun ist es aber gerade die Freiheit, die solchen ethischen Normen entgegenzustehen scheint, und zwar vornehmlich aus zwei Gründen: Zunächst ist die Freiheit als reines Nichtungsvermögen des Für-sich nicht in der Lage, aus sich selbst mehr hervorzubringen als das ständige Sichlosreißen von den eigenen Entwürfen. Sie gleicht, worauf etwa Mark Hunyadi hingewiesen hat, der «negativen Freiheit» oder der «Freiheit der Leere» bei Hegel (vgl. dazu Hegels *Grundlinien der Philosophie des Rechts*; Hunyadi 1988, 85 f.; Hartmann 1963, bes. 118 ff.). Sie bietet damit keine Möglichkeit, moralische Normen oder Ziele anzubieten, sondern reduziert sich, wie Sartre in der Existentialismusschrift verdeutlicht, auf das «Erfinden, das Schöpferische».[4]

Sartres in eine Frage gekleideter Hinweis in *Das Sein und das Nichts*, ob nicht die Freiheit als Ursprung jeglichen Wertes sich selbst zum Wert nehmen müsse oder die – in der Reflexionsstruktur des Für-sich-Seins liegende – «reine Reflexion», bleibt zu fragmentarisch, um hier als Ausweg angesehen werden zu können, auch wenn sie für die weitere Entwicklung wichtig werden wird.

Des weiteren steht einer Moral das Problem der Anerkennung der Freiheit des Anderen entgegen, denn Sartres Analyse des Für-Andere-Seins zeigte deutlich, dass der antagonistische Grundzug meiner Beziehung zum Anderen nicht überstiegen werden kann. Meine Freiheit und die Freiheit des Anderen stehen in ausschließender Gegensätzlichkeit einander gegenüber. So formuliert Sartre in *Das Sein und das Nichts* mit Blick auf Immanuel Kant und die zweite Formulierung des kategorischen Imperatives: «So ist die Achtung vor der Freiheit des Andern ein leeres Wort: selbst wenn wir uns vornehmen könnten, diese Freiheit zu achten, wäre jede Haltung, die wir dem andern gegenüber einnehmen, eine Vergewaltigung dieser Freiheit, die zu achten wir behaupten.» (SN 714) Die Freiheit des Anderen scheint so unvermittelt neben meiner Freiheit zu stehen, zumindest auf jener faktischen Ebene, auf der Ich und der Andere einander begegnen. Deshalb sind auch die in den *Cahiers pour une morale* auftauchenden skizzenhaften Überlegungen ebenso fragwürdig wie die in der Existentialismusschrift auftauchende These, dass die Verwirklichung der je eigenen Freiheit auch die des Anderen miteinschließen würde: «[I]ch kann meine Freiheit nur zum Ziel machen, indem ich auch die der anderen zum Ziel mache.» (EH 138) Damit ist ein Postulat verkündet, das zum ontologischen Grundgerüst des Denkens Sartres in Widerspruch steht, zumindest mit diesem nicht vereinbar ist.

Diese nahezu nahtlos an Kant anschließende Maxime, die Sartre überdies noch mit ihrer Universalisierbarkeit verbindet, überrascht angesichts des Formalismusvorwurfes, den Sartre immer wieder gegen die Kantische Ethik vorgebracht hatte. Denn Sartre behauptet nun unumwunden, dass meine Wahl mich zugleich zum Gesetzgeber machen würde, der mit seinem Entwurf gleichsam ein Bild des Menschen im allgemeinen schaffe und die gesamte Menschheit binde. Damit bleibt aber nach wie vor die Problematik bestehen, wie diese Achtung der Freiheit des Anderen – kantisch formuliert, die «Zweckhaftigkeit» des Anderen – mit der notwendigen Objektivierung des Anderen (als Mittel) zusammengehen kann. Sicherlich, die plakativen Aussagen der Existentialismusschrift sind auch im Zusammenhang mit der konkretgeschichtlichen Situation ihrer Entstehung zu sehen, in der Sartre den Existentialismus gegen eine Reihe von Vorwürfen zu verteidigen versuchte. Vor allem ging es ihm darum, dem allfälligen Vorwurf einer schrankenlosen Willkür und Unverbindlichkeit in seiner Freiheitskonzeption zu begegnen. Aber dies enthebt nicht von der Problematik, dass die genannte Ausweitung meiner Freiheit auf die Freiheit des Anderen eine Verlegenheit andeutet, die sich durch die Aufzeichnungen der *Cahiers pour une morale* nur bestätigen lässt. Sartre selbst hat im Rückblick auf diese Schaffensperiode erklärt: «Es gibt immer die anderen Menschen, und sie bedingen mich – ich habe den Menschen in *L'Etre et le Néant* zu viel Freiraum gelassen. Jedes Individuum hängt von jedem anderen ab.» (*Nouvel Observateur* 10. 3. 1980; zit. nach Hayman 1988, 674)

Sartre deutet auch anlässlich seiner Untersuchungen zu den konkreten Beziehungen zum Anderen die Möglichkeit einer «Moral der Befreiung und des Heils» an, die jedoch eine radikale Konversion voraussetzen würde. Diese «conversion», in der es um die Möglichkeitsbedingungen einer authentischen Existenz geht, wird in den *Cahiers* immer wieder aufgegriffen und thematisiert. Sie erscheint sogar unter dem Titel einer «conversion permanente», die Sartre mit der permanenten Revolution im Sinne Trotzkis vergleicht (vgl. C 12).

Bei näherer Betrachtung zeigt sich allerdings, dass diese Konversion, die selbstverständlich nichts mit einer weltanschaulichen oder religiösen zu tun hat, weniger die Ebene der Moral als die der Reflexion auf sie betrifft. Diese müsste – in Abkehr von sozusagen «weltlichen» Zielsetzungen – eine Art Durchbrechen der Bewegung des Für-sich auf das An-sich darstellen, in der dann die Entfremdungen wechselseitig aufgehoben wären. Was aber an den bisherigen Überlegungen abzulesen ist, ist ein bestimmtes Pathos der Authentizität, des Bewusstseins und der Klarsicht sowie der Entscheidung.

Das Ideal dieser Moral der Authentizität bildet für Sartre der schöpferische Mensch. In seiner Existentialismusschrift taucht jenes Motiv des künstlerischen Schaffens wieder auf, das Sartre seit seinen ersten theoretischen Arbeiten immer wieder gepriesen hatte, die Tätigkeit des Künstlers. Sartre geht hier sogar so weit, die moralische Wahl mit der Erschaffung eines Kunstwerkes zu vergleichen. Auch ein Künstler, so Sartre, lässt sich nicht von a priori vorgegebenen Regeln leiten: «Kunst und Moral ist gemeinsam, Schöpfung und Erfindung zu sein.» (EH 136) Damit gleichen sie einander in ihrem von Sartre als Ideal aufgestellten Grundzug, «reiner Entwurf» zu sein.

In den *Cahiers* heißt es diesbezüglich: «Thema der Kunst ist es, die Welt, die wir sehen, als Produkt einer Freiheit zu präsentieren.»[5] Es ist nicht unerheblich, dass Sartre in diesem Zusammenhang immer wieder auf die Religion bzw. auf Religionskritik zurückkommt und den Ursprung der Kunst sogar als theologisch bezeichnet.[6] Das schöpferische Hervorbringen der Welt ist keine *creatio ex nihilo,* aber der *homo creator* ist es, der die Bedeutungen setzt und damit sozusagen «weltenbildend» wird, insofern er in der undifferenzierten Positivität des Seins Welt überhaupt erst entstehen lässt.

Diese Apotheose des schöpferischen Menschen birgt natürlich die Gefahr in sich, die Dimension des Handelns nicht mit der (moralischen) Praxis als solcher gleichzusetzen, sondern sie auf das herstellende Handeln (Poesis) zu reduzieren. Diesem wiederum spricht Sartre eine appellative Funktion zu, die vor allem in seinen Betrachtungen zur Literatur im Mittelpunkt steht, während sich die moralische Praxis zu einer Gesellschafts- und Geschichtstheorie wandelt.

Damit ist im wesentlichen nicht nur das vorläufige Scheitern einer «existentialistischen Moral» vorgezeichnet, sondern auch deren Transformation in eine doppelte Richtung: Zum einen in Hinblick auf den Appell an die Freiheit des Anderen, zum zweiten hinsichtlich einer darüber hinausgehenden Forderung an diese Freiheit, wenn der Appell verweigert wird. Denn damit eröffnet sich wieder der Kreislauf meiner Beziehung zum Anderen: Die Freiheit des Anderen, sich meinen Zielsetzungen zu verweigern, vergewaltigt erneut meine Freiheit und ruft ihrerseits meine Gegengewalt auf den Plan. Sartre vermag aus dieser in der Freiheitskonzeption angelegten Aporie nicht herauszukommen.

Darum kann man die Anleihen, die Sartre in diesen Zusammenhängen bei Kant, Hegel oder später auch bei Marx macht, eher als «fremde Versatzstücke» bezeichnen, «die an der phänomenologisch-ontologischen Basis zunächst nicht rütteln» (Waldenfels 1983, 103), oder nahezu von einem «gnadenlosen Terror der Selbstverwirklichung» (Eicher 1982, 295; zit. nach Lesch 1989, 195) sprechen, von einer «ethischen Idee ab extra» (Hartmann 1966, 35), innerhalb derer die Beziehung zum Anderen ebenso wie die Verantwortung im Nachhinein ethisch aufgeladen wird (vgl. dazu Kampits 1975, bes. 231 ff.). Denn Sartres Andeutungen im Feld der Moral bleiben bei einer Situationsethik hängen und werden überall dort leer, wo sie Universalisierbarkeit fordern.[7] Sie bleiben inkohärent und durchziehen auch seinen weiteren Denkweg in den Jahren nach dem Zweiten Weltkrieg, in dem das politische Engagement, die Literaturtheorie und schließlich der Marxismus dominieren werden.

5. Literatur als Freiheit und als Engagement

Appell an die Freiheit des Anderen und Engagement – dies sind die Schlagworte, die Sartres Betrachtungen zur Literatur in den nächsten Jahren bestimmen. Es ist nicht ganz einfach, das Dickicht der Reflexionen Sartres zur Kunst im allgemeinen und zur Literatur im besonderen zu durchqueren. Denn die Entstehungszeit der Schrift *Was ist Literatur* fällt nicht allein in die Periode des Höhepunktes von Sartres Popularität als eine Art Symbolfigur des Intellektuellen, sondern auch in jene, in der sich das politische Engagement Sartres immer deutlicher und immer heftiger als einer der Schwerpunkte seiner Aktivitäten herauskristallisiert. Die Gründung der Zeitschrift *Les temps modernes* 1945 und jene des «Rassemblement démocratique revolutionnaire» im Jahre 1948, einer politischen Partei, die einen dritten Weg zwischen dem Kommunismus und den bürgerlichen Parteien suchte und in ihrem Programm für einen demokratischen Sozialismus in einem freien Europa plädierte, sind hierfür charakteristisch. Daneben schrieb Sartre unentwegt literarische Kritiken, Stellungnahmen zu politischen Ereignissen, Theaterstücke und Filmszenarios sowie Essays wie die *Betrachtungen zur Judenfrage* oder *Materialismus und Revolution*.

Das «Zauberwort Engagement» (Bernhard Waldenfels), das ursprünglich in *Das Sein und das Nichts* aufgetaucht war, um das Eingesetztsein des Für-sich-Seins als Gegenbegriff zur Ablösung (dégagement) vom Gegebenen zu kennzeichnen, wird nun zum gesellschaftspolitischen Begriff.

Die beiden Kernaussagen der Arbeiten zu einer phänomenologisch orientierten Ästhetik und Literaturtheorie beziehen sich auf die Freiheit und das von ihr geforderte Engagement. Das literarische Kunstwerk ist ein Appell an die Freiheit des Lesers, der darin aufgefordert wird, seine eigene Freiheit zu verwirklichen, und zugleich auch ein Engagement für die Veränderung der gesellschaftlichen Welt im Sinne eines Zuwachses an Freiheit für alle Menschen.

Damit sind Motive aufgenommen, die Sartres bisherige Andeutungen zu einer Moral und die geforderte wechselseitige Anerkennung der Freiheiten fortführen. Sartre setzt darum auch den ästhetischen Imperativ nahezu mit dem moralischen gleich: beide wenden sich an die Freiheit. Schreiben, so Sartre, «ist eine ganz bestimmte Art, die Freiheit zu wollen; wenn man damit erst einmal angefangen hat, ist man freiwillig oder unfreiwillig gebunden.» (WL 42) Schreiben ist ein Handeln durch Enthüllen, weil im Akt des Schreibens Strukturen von Fiktion und Wirklichkeit transparent werden. Der Schreibende, meint Sartre, appelliert an die Freiheit des Lesers, der Leser wiederum anerkennt umgekehrt die Freiheit des Autors. Hier findet Sartre offenbar auf ästhetischliterarischem Gebiet eine Möglichkeit, den ethischen Appell mit der Anerkennung der Freiheit des Anderen in Einklang zu bringen.

Die Funktion der Kunst, insbesondere der Literatur, Welt zu enthüllen, ist so nicht allein eine Enthüllung der Welt angesichts des Anderen. Sie bedeutet zugleich eine Art Vorentwurf einer gesellschaftlichen Veränderung, wenn Sartre diese auch zunächst nur andeutet: «So ist der Prosa-Schriftsteller ein Mensch, der eine gewisse Art zweitrangigen Handelns gewählt hat, das man ein Handeln durch Enthüllen nennen könnte. Es ist also berechtigt, ihm diese zweite Frage zu stellen: welche Ansicht von der Welt willst du enthüllen, welche Veränderung willst du durch diese Enthüllung auf der Welt herbeiführen? Der ‹gebundene› Schriftsteller weiß, daß das Wort Handlung ist; er weiß, daß Enthüllen Verändern ist, und daß man nur enthüllen kann, wenn man die Absicht hat, etwas zu verändern. Er hat den unmöglichen Traum, ein unparteiisches Bild von der Gesellschaft und von der Situation des Menschen zu entwerfen, aufgegeben.» (WL 17)

In dieser Doppelfunktion: Enthüllen der Welt in der Absicht, sie zu verändern, und im Appell an die Freiheit des Lesers, die auch ein Wecken von dessen eigener Verantwortung impliziert, liegt im Grunde die Aufgabe der Literatur als einer «littérature engagée». Sartre sieht die Beziehung zwischen Schreiben und Lesen beziehungsweise zwischen Autor und Leser als eine wechselseitige, innerhalb derer eine gemeinsame Anstrengung, ein gemeinsames Ziel durchscheint: «Schreiben heißt: einen Appell an den Leser richten, er möge der Enthüllung, die ich durch das Mittel der Sprache vorgenommen habe, zu objektiver Existenz verhelfen.» (WL 30)

Damit kann Sartre – der im übrigen Kants Auffassung vom Kunstwerk als «Zweckmäßigkeit ohne Zweck» zurückweist – den Endzweck der Literatur, ja der Kunst überhaupt, so bestimmen: «Denn das ist wohl der Endzweck der Kunst: diese Welt wieder in Besitz zu nehmen, indem man sie so zeigt, wie sie ist, aber als wenn sie ihren Ursprung in der menschlichen Freiheit hätte. [...] [D]er Schriftsteller wählt den Appell an die Freiheit der anderen Menschen, damit sie, durch die wechselseitigen Verwicklungen ihrer Ansprüche, dem Menschen die Totalität des Seins wiedergeben und die Menschheit in das Universum einordnen.» (WL 37) Diese etwas pathetische Formulierung verweist erneut auf die schöpferische Freiheit, die sich im Handeln des Künstlers am reinsten zu verwirklichen vermag.

Aber ist nicht, wie die frühen Arbeiten Sartres gezeigt haben, gerade beim Kunstwerk das Imaginäre das Entscheidende, solange man nicht vom Künstler verlangt, eine bloße Abschilderung der Welt, eine Art realistische Verdoppelung dessen, was ist, vorzunehmen? Sartre spricht vom Kunstwerk auch offen als vom «imaginären Objekt», an dem sich ja gerade erst die Freiheit des Lesers im Prozess der Entzifferung, Sinngebung und Deutung ereignen kann.

Mit der Kennzeichnung des Kunstwerkes als eines Appells an die Freiheit des Anderen verbindet Sartre Analysen der Funktion des sprachlichen Zeichens, der Tätigkeit des Schreibens sowie der Aufgabe des Kunstwerkes schlechthin. Es sind dies Überlegungen, die in seine späteren Arbeiten literaturtheoretischer Art über Genet bis hin zu Flaubert einfließen und die auch mit der Autobiographie, deren bezeichnender Titel *Die Wörter* lautet, verwoben sind. Vieles knüpft an die frühen Arbeiten zum Imaginären an und ist auch gerade in letzter Zeit in Zusammenhang mit strukturalistischen und postmodernen Theorien intensiv diskutiert worden.[8]

Ausgehend von der Unterscheidung zwischen Poesie und Prosa wird die Literatur als solche von den übrigen Künsten abgehoben: Ihr «Material», die Wörter, haben die Struktur von Zeichen, während Töne und Farben auf nichts außerhalb ihrer materiellen Realität verweisen, sie haben für Sartre eine nicht-referentielle Struktur. Die Wörter wiederum als Zeichen können in zweifacher Hinsicht betrachtet werden: Die Poesie rückt Sartre in die Nähe der bildenden Kunst und der Musik, weil für sie die Wörter ebenfalls Material sind, einen dinghaften Charakter aufweisen – in Saussurescher Terminologie ausgedrückt, das «signifiant» gewinnt Eigenwert gegenüber dem «signifié». Der Prosaschriftsteller hingegen bleibt auf der Ebene des Zeichens, er bedient sich der Wörter, um Dinge, Wirklichkeit zu bezeichnen. Wörter sind für ihn, so Sartre, nicht Objekte, sondern Bezeichnungen von Objekten. Während der Prosa-Schriftsteller die Sprache benutzt, um zu benennen, geht der Poet, der diesseits der Sprache steht, anders mit ihnen um: «Der Dichter ist außerhalb der Sprache, er sieht die Wörter verkehrt, als ob er nicht der *conditio humana* angehörte, und als ob er, kommt er auf die Menschen zu, zunächst auf das Wort wie auf eine Schranke stieße. Anstatt die Dinge zunächst an ihrem Namen zu erkennen, scheint er in erster Linie einen verschwiegenen Kontakt mit ihnen zu haben. Da er sich des Worts als

Zeichen eines Weltaspekts nicht bedienen kann, sieht er in ihm das *Abbild* eines solchen Aspekts.» (WL 12) Der Dichter steht dem imaginären Objekt näher, er schafft etwas, das von den konstituierenden Akten des Bewusstseins, in denen Welt auftaucht, abgehoben ist. «Die Imagination wird als bedingungslose Fähigkeit betrachtet, das Reale zu *verneinen*, und das Kunstwerk ersteht auf den Ruinen des Universums.» (*Situations* II, 172/115; zit. nach Waldenfels 1983, 104)

Diese Anknüpfung an seine frühen Theorien zum Imaginären und zur Imagination wird sich bis zur Flaubert-Studie fortsetzen. Zwischen einem L'art pour l'art-Standpunkt, den Sartre unter anderem auch den Surrealisten vorwirft, und einer parteipolitisch gebundenen Literatur, wie sie sich im sozialistischen Realismus oder im Agit-prop manifestierte, sucht Sartre auch hier einen dritten Weg. Dass er dabei gelegentlich mit seinem Urteil weit übers Ziel hinausschießt, knüpft an seine bisherigen Simplifikationen an und wird sich, vor allem in seinem politischen Engagement, noch stärker auswirken.

Vieles von seinen literaturtheoretischen Überlegungen muss freilich auch im Lichte seiner autobiographischen Betrachtungen gesehen werden, dort wo Lesen und später auch Schreiben für den kleinen Jean-Paul auf Grund seiner familiären Situation zur entscheidenden Prägung wurden. Hier wird die Mission des Schriftstellers, die Sartre bis zu seinem Lebensende als sich durchhaltendes Thema bewahren wird, zu einer Selbstfindung des Kindes, zu einem Ausweg aus der Überflüssigkeit, der Überzähligkeit, zu der die familiäre Situation, die Vaterlosigkeit, im Hause der Schweitzers geführt hatte. Das Bekenntnis, das er gegen Ende seiner Autobiographie ablegt, ist dafür charakteristisch: «[I]ch schreibe nach wie vor. Was sollte ich sonst tun? Schreiben ist meine Gewohnheit, und außerdem ist es mein Beruf. Lange Zeit hielt ich meine Feder für ein Schwert: nunmehr kenne ich unsere Ohnmacht. Trotzdem schreibe ich Bücher und werde ich Bücher schreiben; das ist nötig; das ist trotz allem nützlich.» (W 144)

Die angedeutete Literaturtheorie sollte auch später in den Auseinandersetzungen Sartres mit dem Strukturalismus, mit dem «nouveau roman», mit der Gruppe «Tel Quel», eine nicht unerhebliche Rolle spielen. Sartres eigene konventionelle Erzählhaltung prallt hier gegen die Entzauberung des Subjektes, die Krise des Erzählens und die Neuaufnahme des Narrativen im postmodernen Kontext.

Sartres Problem der Freiheit und des Engagements wird ihn – freilich immer in Verbindung mit der Literatur – nunmehr vor andere Probleme stellen, vor allem vor das der nach wie vor unmöglichen Moral, die sich nicht auf eine Schriftstellermoral beschränken kann. Sie wird jetzt von einem zunehmend konkreter werdenden politischen Engagement begleitet, wenn nicht überschattet und erstickt.

6. Von der Freiheit zur Befreiung

Waren Engagement und Freiheit in *Was ist Literatur?* noch von konkreten, gar ideologisch oder parteipolitisch ausgerichteten Inhalten weit entfernt, so nähert sich Sartre zunehmend einem vehementen politischen Engagement, zuerst noch in vorsichtiger Distanz, dann immer mehr in offener Parteinahme für den Kommunismus. Viele Faktoren laufen hier zusammen, das Gewebe des Sartreschen Denkens wird immer komplexer. Wohl durchziehen moralische Fragestellungen zumindest bruchstückhaft seine weiteren Aktivitäten, wohl bleibt die Freiheit sozusagen der Leuchtturm, um den das Schiff «Sartre» kreist – die Fragestellungen werden aber Schritt für Schritt um mehrere Dimensionen erweitert: Die Gesellschaft und die Geschichte verändern entscheidend das Grundkonzept der individuellen Freiheit oder des Humanismus, der sich nun zunehmend als revolutionärer Humanismus versteht.

Obwohl Sartre sein Bekehrungserlebnis in die Zeit des Krieges und der Kriegsgefangenschaft verlegt (vgl. Kap. 1), tritt diese Wandlung, die man plakativ auch unter den Titel «Von der Ethik zur Politik» oder «Von der Freiheit zur Befreiung» stellen könnte, im wesentlichen in seinen Schriften nach 1945 zutage. Bereits in der Präsentation der Zeitschrift *Les temps modernes* hatte Sartre erklärt: «Das Fernziel auf das wir uns fixieren, ist das einer Befreiung» (*Situations* II, 23; zit. nach Fornet Betancourt 1983, 280).

Dieser Weg zur Befreiung, zu einer Gesellschaftstheorie marxistischer Provenienz, verläuft keineswegs geradlinig: Vor allem in der Beziehung zum Kommunismus, zur kommunistischen Partei Frankreichs und zur damaligen Sowjetunion gibt es ein dauerndes Hin und Her, das von kritischen Phasen ebenso gekennzeichnet ist wie von Apotheosen des «realen Sozialismus», von nahezu überzogenen Polemiken und Beschimpfungen der Antikommunisten, die manche Kommentatoren zu lapidaren Äußerungen veranlassten: So stellt etwa Ronald Hayman, einer der ersten, der eine ausführliche Sartrebiographie verfasste, das diesbezügliche Kapitel unter den Titel «Dem Haß verschrieben» (Hayman 1988, 431–473).

Bernard-Henry Lévy beurteilt in einer sehr detaillierten Untersuchung, die auch das im Gefangenenlager geschriebene und aufgeführte Theaterstück *Bariona* miteinbezieht, Sartres Konversion eher ironisch-distanziert, vor allem in Hinblick auf zahllose prokommunistische Äußerungen und Engagements Sartres in den folgenden Jahren. «Verstehen wir uns recht. Ich will nicht sagen, alle Verirrungen Sartres ließen sich auf die tiefempfundene Entdeckung der Werte der Gemeinschaft zurückführen. Ich behaupte nicht, daß Sartre in der zweiten Hälfte seines Lebens deshalb so viele Irrtümer hat begehen können, *weil* er sein eigener Autodidakt geworden war, *weil* er dieses Gefühl der Brüderlichkeit im Stalag genossen hatte. Dennoch liegt darin gewiß eine der Quellen für diese Verirrung; zweifellos haben wir es hier mit einem der biographisch-philosophischen Ereignisse zu tun, die über eine absehbare und unaufhaltsame Verkettung dazu führten, daß er schreiben konnte, in der Sowjetunion herrsche uneingeschränkte Freiheit der Kritik, und Castro sei ein bewundernswerter Mann.» (Lévy 2002, 508)

Was hier im nachhinein als Verirrung bezeichnet wird, ist für Sartre in diesen Jahren eine Entdeckung, die Entdeckung des Sozialen, der Geschichte und der Politik.

Das konkrete politische Engagement scheitert zunächst: Die intellektuelle Sammelbewegung des «Rassemblement démocratique révolutionnaire», die einen dritten Weg zum demokratischen Sozialismus suchte und in deren Grundsatzerklärung noch ein ethischer Unterton mitschwingt («Die Mittel sind uns genauso wichtig wie der Zweck», KF1, 9), zerfällt nach kurzer Zeit. Inzwischen hat sich Sartre auch einer theoretischen Auseinandersetzung mit dem Marxismus zu unterziehen begonnen: Der Essay *Materialismus und Revolution* weist erneut Annäherung und Distanz zum Marxismus auf, welcher für Sartre in den nächsten Jahren zu seiner wichtigsten Entdeckung werden wird.

Neben der Kritik am dialektischen Materialismus und an den erstarrten Formen des realen Sozialismus, die Sartre hier äußerst vehement vorträgt, legt er ein Bekenntnis zum Revolutionär ab, der nunmehr nahezu zur Verkörperung, ja zum Mythos eines modifizierten Begriffs der Freiheit wird: «Ein kontingentes Wesen, nicht zu rechtfertigen, aber frei, völlig in eine ihn unterdrückende Gesellschaft eingetaucht, aber fähig, diese Gesellschaft zu überschreiten durch seine Bemühungen, sie zu verändern, das ist es, was der revolutionäre Mensch zu sein fordert.» (MR 196)

Natürlich lässt sich diese wie viele andere Formulierungen Sartres im genannten Essay als eine weitergespannte Fassung des ontologischen Freiheitsbegriffes verstehen, in dem Faktizität und Transzendenz miteinander verbunden waren. Durch die «Macht der Dinge» (Simone de Beauvoir) erscheint die Faktizität nunmehr um jene soziale Dimension erweitert, die Sartre in *Das Sein und das Nichts* noch vehement zurückgewiesen hatte. Insofern wird auch die gewissermaßen kantianisierende Wende in der Existentialismusschrift untermauert und neugefasst: Das Ziel der Achtung und Anerkennung der fremden Freiheit muss von der Situation der Klassengesellschaft her gesehen werden und schreibt auch dem Revolutionär seine Ziele vor. Er muss die Forderung einer gegenseitigen Anerkennung der Freiheiten erheben: «Eine revolutionäre Philosophie muß von der Pluralität der Freiheiten Rechenschaft ablegen und zeigen, wie eine jede für sich Freiheit und doch zugleich für die andere Objekt sein können muß. Nur dieser Doppelcharakter von Freiheit und Objektivität kann die komplexen Begriffe von Unterdrückung, Kampf, Niederlage und Gewalt erklären. Denn unterdrückt werden kann immer nur eine Freiheit, jedoch nur, wenn sie sich von irgendeiner Seite dazu hergibt, das heißt, wenn sie dem anderen das Außen einer Sache darbietet. Auf diese Weise wird man die revolutionäre Bewegung und ihren Entwurf verstehen, der darin besteht, die Gesellschaft mittels Gewalt von einem Zustand, in dem die Freiheiten entfremdet sind, zu einem anderen Zustand, der auf ihre gegenseitige Anerkennung gegründet ist, zu überführen.» (MR 210)

Damit ist das Programm des weiteren Weges Sartres vorgezeichnet. Die Entfremdung bleibt zwar ontologisch in der Beziehung zum Anderen verwurzelt, wird aber gleichzeitig zu einem Werk einer zu verändernden Gesellschaft. Sartres Kritik an der «inneren Freiheit», in die er später auch seinen eigenen früheren Freiheitsentwurf einbeziehen wird, lässt diese als eine idealistische Modifikation erscheinen, die von der konkreten Situation der Unterdrückung, genauer des Unterdrücktwerdens abstrahiert.

Wie allerdings die gegenseitige Anerkennung der Freiheiten möglich sein soll, lässt Sartre weitgehend offen. Vor allem bleibt uneinsichtig, wie die nach wie vor behauptete Spontaneität, die auch als individualistische, wenn nicht als anarchische Freiheit erscheint, plötzlich zu Anerkennung wechselseitiger Art führen soll: «In der Gleichsetzung von freier und revolutionärer Tat erhält die alte Freiheitslehre nur ein politisches Kostüm; wo ein Mehr an Solidarität herausschaut, bleibt es beim moralischen Wunsch.» (Waldenfels 1983, 105)

Dafür spricht auch Sartres Auffassung, dass es nicht bloß Unterdrückung, Entfremdung und Ausbeutung sein können, die den Revolutionär hervorbringen, also nicht bloß die Situation, sondern dass es seine Freiheit, sein Entwurf ist, die gegenwärtige Situation auf eine andere, eine bessere hin zu überschreiten. Die Philosophie des Revolutionärs, die auch eine solche der Einheit von Denken und Handeln, von Verstehen und Handeln sein soll, basiert für Sartre weiterhin auf der Kontingenz der menschlichen Existenz. Auf dem Gebiet gesellschaftlichen Seins wiederholen sich Faktizität und Freiheit, Kontingenz und Transzendenz, wie auch die Realität der Welt und die Freiheit des Handelnden.

Damit halten sich im wesentlichen immer noch Motive von *Das Sein und das Nichts* durch, weshalb Sartre am dialektischen Materialismus des offiziellen oder «vulgären» Marxismus vieles kritisiert. Zunächst ist dieser für ihn eher als Positivismus zu verstehen, der nur äußerlich mit einer Dialektik verbindbar sein kann. Auch erblickt er im Marxismus einen Mythos, der nach Belieben politisch verwendbar ist, und einen Determinismus, der dem Menschen die Freiheit stiehlt. Indem er in der dialektischen Gesetzmäßigkeit auf der Heraufkunft des Kommunismus besteht, unterwirft er die Freiheit einem fremden Gesetz und distanziert sich damit von der revolutionären Bewegung. Der zu Befreiende, der Arbeiter, der Proletarier, wird darin zum reinen Objekt.

Gegen diese Naturdialektik, die dem Menschen letztlich nur eine passive Rolle zusprechen kann – die Widerspiegelung objektiver Zusammenhänge –, fordert Sartre, die Dialektik im menschlichen Bereich zu suchen. Statt einer dogmatischen Metaphysik muss die Dialektik eine Begründung im Subjekt geben, nicht im Absoluten wie bei Hegel, sondern vom menschlichen Subjekt aus, denn nur so kann sie eine Dialektik der Praxis werden.

In diesen theoretischen Überlegungen, die Sartre immer wieder auf Konkretes anzuwenden sucht, spielt natürlich eine – in ihrem Kern auch die Ethik betreffende – Frage eine große Rolle: Eine Veränderung der Gesellschaft durch den Revolutionär kann nicht ohne Gewalt erfolgen. Die Frage der Gewalt wird aber in der weiteren Entwicklung des Denkens Sartres immer mehr von der Ethik getrennt und auf die Ebene der gesellschaftlichen und politischen Entwicklung gebracht. Dies wird in der Simplifikation münden, dass reaktionäre Gewalt gleichsam a priori als schlecht, revolutionäre Gewalt dagegen als gut gilt.

Diese zwiespältige Stellung zum Marxismus bietet die Basis für Sartres weitere theoretische Auseinandersetzung mit ihm, die in der *Kritik der dialektischen Vernunft* ihren Höhepunkt erreichen wird. Die Integration des Existentialismus in den Marxismus bereitet sich vor. Auf dem Weg dorthin wird Sartre zumindest in seinen Polemiken und Rundumschlägen verbal immer radikaler.

Einen der Höhepunkte stellt die Huldigung an die Sowjetunion in *Die Kommunisten und der Friede* dar, wo nicht allein die Partei in nahezu transzendental-mystischer Art als die notwendige Einigungskraft für die Arbeiterklasse bezeichnet wird, die sonst in atomistische Bestandteile zerfallen würde, sondern auch auf die Notwendigkeit verwiesen wird, sich zwischen den beiden Blöcken auf die Seite der Sowjetunion zu schlagen, denn «sie will den Frieden und beweist es täglich» (KF 1, 89).

Sein Auftritt beim Wiener Friedenskongress 1952, das Engagement gegen den französischen Indochinakrieg – der im Vorwort zu einem Dossier in der Affäre Henri Martin[9] gipfelt –, sein Engagement gegen den Koreakrieg, die Affäre um den Vorsitzenden der kommunistischen Partei Frankreich nach antiamerikanischen Demonstrationen und schließlich der Prozess gegen das Atomwissenschaftlerehepaar Rosenberg wegen angeblicher Spionage in den USA – dies alles bringt Sartre immer mehr zu einem undifferenzierten Antiamerikanismus und einer Unterstützung der kommunistischen Partei und der Sowjetunion. In den polemischen Pamphleten spart Sartre nicht mit Formulierungen, die in ihrem Jargon und Pathos nicht nur klassischen Beispielen offiziöser sowjetischer Propaganda gleichen, sondern nahezu «hyperstalinistische» Züge annehmen (vgl. Aron 1983, 308).

Ein einziges Beispiel mag dafür genügen: Anlässlich der Affäre Duclos (des Vorsitzenden der Kommunistischen Partei) schreibt Sartre:

«Die letzten Bande zerrissen, meine Perspektive wandelte sich: ein Antikommunist ist ein Hund, davon gehe ich nicht ab, davon werde ich nie mehr abgehen. [...] [N]ach zehn Jahren des Grübelns hatte ich einen Punkt erreicht, an dem es nur noch eines winzigen Anstoßes bedurfte. In der Sprache der Kirche war das eine Konversion. [...] Im Namen der Prinzipien, die sie mir eingeimpft hatte, im Namen ihres Humanismus und ihrer humanistischen Bildung, im Namen der Freiheit, der Gleichheit, der Brüderlichkeit schwor ich der Bourgeoisie einen Haß, der erst mit meinem Leben enden wird.» (FW 102)

Gewiss, wir sind mitten im Kalten Krieg, am Beginn antikolonialistischer Befreiungskämpfe. Die Blockade Berlins, die Machtübernahme der Kommunisten in der Tschechoslowakei, der Einmarsch nordkoreanischer Truppen in Südkorea, NATO und Warschauer Pakt stehen einander gegenüber, China ist durch Mao Tse-Tung kommunistisch geworden, um nur einige der Ereignisse zu nennen. Sartre scheint nach wie vor einen Zickzackkurs zu fahren, was etwa die Kunde von den sowjetischen Straflagern betrifft, die die linke Intellektuellenszene in Frankreich aufwirbelt und spaltet. Bald erklärt er sich zur Mitarbeit bei der Kommunistischen Partei bereit, bald geht er vorsichtig auf Distanz. Immerhin, das Theaterstück *Die schmutzigen Hände* wird 1948 uraufgeführt und provoziert die Kommunisten ebenso wie die Konservativen.

Hinter der Frage, inwieweit die Freiheit des Einzelnen mit der Bindung an eine Partei – die kommunistische – vereinbar sein kann, hinter dem Problem, inwieweit sich der Einzelne dem Diktat einer Partei zu unterwerfen hat, steht in diesem Stück auch das alte Intellektuellenproblem im Mittelpunkt – die Spannung zwischen Denken und Handeln. Der aus bürgerlichem Milieu stammende Hugo steht dem Tatmenschen Hoederer gegenüber, wobei es Hugos Auftrag wäre, Hoederer zu töten, weil dieser eine abweichende ideologische Grundhaltung gegenüber der offiziellen Linie der Partei vertritt. Hugo tötet Hoederer auch, aber nur weil er ihn in den Armen seiner Frau findet. Der Eintritt in die Partei ist für den zweifelnden, skrupelbeladenen Hugo ein Akt freier Wahl, während die proletarischen Parteimitglieder keine Wahl hatten. Darum will er auch zu einem Mann der Tat werden und unterzieht sich dem Auftrag, Hoederer zu töten. Sartre arbeitet in diesem Drama sehr nuanciert die Spannungen heraus, die zwischen Engagement, Freiheit und Gehorsam liegen, ebenso auch das Problem der Rechtfertigung des Tötens. Er zeichnet den Intellektuellen Hugo als einen politischen Idealisten, wenn nicht Utopisten. In einer Diskussion zwischen Hugo und Hoederer bezüglich des Verhältnisses von Mittel und Zweck kommt dies klar zum Ausdruck: Das politische Ziel Hoederers, das auf ein kurzfristiges Zusammengehen mit den Faschisten und den Bürgerlichen gerichtet ist, rechtfertigt für ihn diese Taktik, in der Hugo einen Verrat der idealen Ziele der Partei sieht. Hoederer bekennt sich in diesem Gespräch zu den «schmutzigen Händen», die das politische Handeln notwendigerweise mit sich bringt: «Wie du auf deine Lauterkeit hältst, mein Junge! Was für eine Angst du hast, dir die Hände schmutzig zu machen. Also gut, bleibe rein! Aber was kommt denn dabei heraus? Und was willst Du hier bei uns? Reinheit ist eine Idee für Fakire und für Mönche. Ich habe schmutzige Hände. Bis zu den Ellbogen hinauf. Ich habe meine Hände in Dreck und Blut getaucht. Und wenn? Meinst du, man kann regieren und kinderrein dabei bleiben?» (SH 165)

Während Hugo den künftigen Menschen als Ziel vor Augen hat, betont Hoederer, die Menschen nicht zu lieben, wie sie sein sollten, sondern so, wie sie sind und wirft Hugo vor, die Menschen zu verabscheuen, die Welt im Grunde nicht ändern, sondern vernichten zu wollen: «Ein Intellektueller ist niemals ein wahrer Revolutionär; er gibt bestenfalls einen Mörder ab.» (SH 166)

Hugo, der einige Jahre später aus dem Gefängnis entlassen wird, muss erfahren, dass die Partei inzwischen auf die Linie Hoederers umgeschwenkt ist und erschießt sich schließlich selbst.

Sartre hat die Aufführung dieses Stückes um politische Zwecksetzungen und moralische Probleme, um die Situation des Intellektuellen anlässlich seines Besuches beim Friedenskongress in Wien aus Gründen der Schadensvermeidung für die kommunistischen Parteien verboten und zugleich Anweisung gegeben, das Stück nirgendwo ohne die Zustimmung der kommunistischen Partei aufführen zu lassen. «Es ist die schwärzeste Stunde nicht nur der Barbarei, sondern des stalinistischen Schwachsinns» wird Bernhard-Henri Lévy dies später kommentieren (Lévy 2002, 410). Sartres Slalomlauf ist unübersehbar, hatte er doch anlässlich der Aufführung seine Sympathie für die Gestalt des Hugo bekundet und das Stück ein «antikommunistisches» genannt, während er einige Jahre später nur Hoederer im Mittelpunkt sehen wollte und das Theaterstück als prokommunistisch bezeichnete.[10]

Der Bruch mit Merleau-Ponty und der Streit mit Camus sind vorgezeichnet. Sartres enge Annäherung an die Grunddogmen des Kommunismus führt zu jener Integration des Existentialismus in den Marxismus, die er in der *Kritik der dialektischen Vernunft* realisieren wird.

7. Noch einmal die Moral

Sartres politische Rundumschläge, seine Liebedienerei gegenüber der Sowjetunion, die in seinem Bericht über die Reise in die Sowjetunion 1954 noch einmal beträchtliche Blüten hervorbringen sollte – wo er unter anderem prophezeit, dass die Sowjetunion spätestens 1966 einen 30 bis 40 Prozent höheren Lebensstandard erreichen würde als Frankreich, wo er die uneingeschränkte Freiheit der Kritik in diesem Lande preist, um dies alles später zu relativieren und zu widerrufen – hindern ihn nicht, das Projekt seiner Ethik auf der Ebene des Theaters und der Literaturtheorie fortzusetzen. Das Buch über Genet und das Theaterstück *Der Teufel und der liebe Gott* bringen dies zum Ausdruck.

Die Botschaft, die Sartre in *Der Teufel und der liebe Gott* letztlich verkündet, ist, ebenso wie das Buch über Genet, von einem politischen Realismus durchzogen. Während ersteres die Untrennbarkeit von Gut und Böse eng verknüpft mit der Gottesfrage beziehungsweise die Abwesenheit Gottes in einem historischen Drama zur Diskussion stellt, kreist die Biographie über Genet um Einsichten in das Wesen von Gut und Böse. Man hat dieses Buch, das ein außer Kontrolle geratenes Vorwort zu den gesammelten Schriften von Genet darstellt und schließlich zu einem voluminösen Werk anschwoll, auch als «die stärkste Provokation» bezeichnet, «die je von Sartre ausgegangen ist» (Lesch 1989, 258).

In ihm verzahnen sich – typisch für Sartres Biographien – philosophische Theoreme, literarische Kritik, moralische Überlegungen und psychoanalytische Einsprengsel. Im wesentlichen geht es hier um eine Ästhetik des Bösen. Genets Dichtung versteht Sartre als eine Art Konversion zum Bösen. Genets Welt ist eine Welt der Verbrechen, der sexuellen Perversionen und Absonderlichkeiten, die ästhetisiert und damit von Sartre zu einer Art imaginären Gegenwelt hochstilisiert werden. Das Böse, in der traditionellen Metaphysik meist als Mangel, als Privation dargestellt, erhält in seinem Nichtigkeitscharakter eine essentielle Beziehung zum Guten. Damit ist der Verflechtung von Gut und Böse das Wort geredet und eine Absage an das absolut Gute und absolut Böse erteilt. Eine Moral, die darauf beruhte, würde nach Sartre zur Mystifikation und zur Entfremdung beitragen. Das Böse taucht hier als ästhetische Kategorie und als eine Art imaginatives Projekt auf. Genet erfindet gewissermaßen eine Gegenwelt, einen Entwurf, der nicht zuletzt aus der Beziehung des Einzelnen zur Gesellschaft hervorgeht: Alle Verdikte und Verfluchungen der Gesellschaft, die auf den Ganoven, Päderasten und Knastbruder Genet herunterprasseln, hat Genet auf sich genommen, indem er sie ästhetisierte und in ein Kunstwerk verwandelte.

Darum – so Sartre – macht er sich zu einem freien und autonomen Menschen, der bewusst sein eigenes Sein wählt, der seine eigene Welt allen Verdammungen und Anfechtungen zum Trotz erschafft. Diese Gegenwelt bildet letztlich nicht nur eine solche zur traditionellen Moral und Tugendlehre, die das Böse ausschließt, sondern auch eine solche zu der ihr zugrundeliegenden Rationalität. Denn nicht der Dieb, der Päderast, der Perverse oder Verbrecher zerstören die Ordnung, sondern erst die Sublimierung im Kunstwerk: «[A]m Anfang ist das Böse als Wille zur Zwietracht, sich selbst feindlich, das das Sein hervorbringt um *etwas zu zerstören zu haben*. Als Dieb diente Genet der etablierten Ordnung; als Dichter des Diebstahls zerstört er sie. Seine Delikte haben das Bewusstsein der Gerechten nicht stören können; aber die Darstellung des Delikts trifft uns bis ins Mark. Gegen das Verbrechen sind unsere Polizei und unsere Wissenschaftler wirksame Schutzmittel; gegen die poetische Wahrheit des Verbrechens haben wir gar keinen Schutz» (G 767).

Natürlich bleibt Genet im Lichte der Sartreschen Interpretation ein Betrüger, seine Ästhetisierung des Bösen, die Päderasten, Zuhälter, Diebe und Zuchthäusler mystifiziert, ist selbst eine Flucht ins Imaginäre. Genet entwendet die Wörter, er errichtet eine Scheinwelt, ähnlich den Surrealisten Rimbaud, Baudelaire oder Mallarmé, in der Wörter keinen Bezug mehr zur Realität aufweisen (vgl. G 795 f.).

Die Absage an das absolut Böse und das absolut Gute bildet auch die Botschaft des Theaterstückes *Der Teufel und der liebe Gott*, das erneut Sartres zwiespältige und schwierige Position in moralischen und politischen Fragen widerspiegelt. Mehr vielleicht als andere Dramen Sartres illustriert es plakativ Sartres Grundthesen zu einer unmöglichen und gleichwohl notwendigen Ethik. Gelegentlich vermitteln die Dialoge den Eindruck von einander entgegengeschleuderten Thesen des Programms Sartres: den Weg von der individuellen Freiheit zu einer politisch motivierten Befreiung. Die Aporien zwischen einer idealistischen Moral der Verinnerlichung und einer realistisch-politischen Moral, die ethische Fragestellungen suspendiert, werden ebenso aufgeworfen wie die Frage nach der Gewalt. Darüber hinaus ist es im Ringen um den Verzicht auf das absolut Gute und das absolut Böse auch eine Auseinandersetzung mit der Gottesfrage, aber keineswegs ein antireligiöses Melodrama, auch wenn viele der Szenen nahezu blasphemischen Charakter aufweisen.

In der Gestalt des Söldnerführers Götz zur Zeit der Bauernkriege im 17. Jahrhundert will Sartre ein Handeln vorführen, das sich auf keinerlei vorgegebene Werthierarchien berufen kann, dessen Entscheidungen für das Gute oder das Böse nicht im Absoluten fundiert sein können. Die von Götz mit großer Grausamkeit durchgeführte Belagerung der Stadt Worms steht unter dem hochmütigen Anspruch des Bauernführers, sich als Inbegriff des absolut Bösen zu verstehen – mit Brudermord, Gewalt gegen seine eigene Armee, erniedrigender Behandlung seiner Geliebten. Götz ist von seiner Geburt her das uneheliche Kind eines Adeligen, ein Bastard, der symbolisch das Sein und Nichts in einem verkörpert, weder beim Adel noch bei den Bauern findet er seine Identität. Als der Überläufer Heinrich (ein Priester), um die Armen und den Klerus in der belagerten Stadt zu retten, ihm einen Weg weist, ohne Blutvergießen in die Stadt zu gelangen, entwickelt sich der Dialog zu einer Auseinandersetzung um Gott, das Böse und das Gute. Heinrich gleicht auf seine Weise Götz: Auch er ist eine Art Bastard, er steht zwischen der Kirche und den Armen. Als Götz ihm vorschlägt, einfach das Böse zu tun, um seine Freiheit zu beweisen («Bastard war ich schon von Geburt, aber den stolzen Namen eines Brudermörders verdanke ich mir selbst.» (TlG 34)), oder weil das Gute ohnehin bereits von Gott gemacht sei, fordert der Priester Götz zu einer Wette heraus: Wenn das Gute auf Erden unmöglich ist, weil es von Gott so gewollt sei, und das Böse vom Menschen gemacht ist, so soll Götz nun zeigen, dass auch das Gute menschenmöglich sein muss. Wenn Götz das Böse nicht aus Beweggründen wie Habsucht, Eifersucht, Hass oder Raffgier verwirklichen will, sondern um seiner selbst willen (vgl. TlG 60), so müsste es auch möglich sein, das Gute um des Guten willen zu realisieren. Beide gehen eine Wette ein und würfeln. Götz wird sich, wenn er verliert, zu einem Heiligen wandeln, die ethische Konversion, die Sartre immer wieder betonte, gewinnt hier erneut eine absolute Dimension.

Natürlich ist das Unternehmen von Götz zum Scheitern verurteilt: Das von ihm errichtete sozialistisch-christliche und auch utopische Gemeinwesen, die «cité du soleil», für die er seine Güter opfert, scheitert sowohl an den Bedrohungen von außen wie auch an den Querelen der Bauern untereinander. Götz predigt den Bauern christliche Nächstenliebe, Gewaltverzicht, Verurteilung des Krieges, er stigmatisiert sich selbst, um gegenüber den Ablasspredigern als Prophet und Heiliger zu erscheinen. Der Bauernführer Nasty versucht ihn davon zu überzeugen, dass die Verteilung der Güter zu einem neuerlichen Bauernaufstand führen wird, dass eine gute Tat durchaus böse Folgen haben kann. Götz dagegen schwelgt weiter in seiner Utopie, überzeugt, dass eine einzelne Liebe zum Menschen ausreichen kann, um sich auf alle auszudehnen. Aber die Bauern anerkennen seine aufgezwungene Brüderlichkeit nicht. Götz scheitert, und in diesem Scheitern erfolgt die Anklage gegen Gott, der das Gute nicht zulassen will. In seinem Gespräch mit Heinrich, dem Partner seiner Wette, erfolgt nun die eigentliche Konversion von Götz: Er erkennt, dass es Gott nicht gibt, dass er allein über Gut und Böse entscheiden muss. «Wenn Gott existiert, ist der Mensch ein Nichts; wenn der Mensch existiert ...» (TlG 132)

Der Tod Gottes wirft uns auf die Menschen selbst zurück, die absolute Moral wird zu einer relativen, relativiert durch die Geschichte, in der neuerlich die Frage der Gewalt virulent wird und das Problem des Schuldigwerdens aufbricht. Sartre selbst hat dies in einem Interview hinsichtlich der Figur des Götz so ausgedrückt: «Er akzeptiert die begrenzte und relative Moral, die dem Schicksal des Menschen entspricht: er ersetzt das Absolute durch die Geschichte.»[11] Darin liegt eine gewisse Doppeldeutigkeit: Das kann heißen, dass die Geschichte relativ sei, oder aber auch, dass sie nunmehr die Stelle des Absoluten einnimmt. Sartres weitere Entwicklung spricht für die zweite Lesart. Die Fragen der Ethik jedoch bleiben weiterhin offen und in Schwebe.

8. Die Auseinandersetzung mit Albert Camus

Gerade diese Absolutsetzung der Geschichte innerhalb des immer deutlicher werdenden Bekenntnisses Sartres zum Marxismus führte letztlich zum spektakulären Bruch mit Albert Camus. Obwohl beide vor allem zur Zeit der Hochblüte des Existentialismus oft in einem Atemzug miteinander genannt worden waren und als die tonangebenden Figuren des intellektuellen Lebens in Frankreich galten, war ihre freundschaftliche und philosophische Beziehung nie besonders eng gewesen (vgl. dazu Todd 1999). Gewiss, der Camus des *Fremden* und des absurden Denkens im *Mythos von Sisyphos* stand nicht allzu fern von Sartres damaligen Auffassungen. Wohl trafen sie einander in der Auslegung der menschlichen Existenz als einer absurden, der kein transzendenter Sinn oder Wert zugesprochen werden kann, auch standen sie einander nahe in der Bejahung der Freiheit und Individualität des Menschen oder teilten eine tiefe Abneigung gegen metaphysische Begründungen von Sinn, Normen und Prinzipien. Aber spätestens seit dem 1947 erschienenen Roman *Die Pest*, in dem Camus Solidarität, Streben nach dem Glück und nach Einheit angesichts der Absurdität und Zerrissenheit der «conditio humana» proklamierte, wurden die Differenzen unübersehbar. Camus' leidenschaftliche Absage an eine Absolutsetzung oder Sinnhaftigkeit der Geschichte, die Gewalt und Terror mit der Utopie einer besseren Zukunft rechtfertigt, stellte ebenso eine Herausforderung an Sartre dar wie seine scharfe Unterscheidung zwischen Revolte und Revolution.

Sein 1952 erschienener Essay *Der Mensch in der Revolte* wirft genau jene Fragen auf, die im Grunde auch die Ausgangsfragen für Sartres politisches Denken sind: Das Problem von Gut und Böse, von Denken und Aktion, von Gewalt und Schuld, von gleichzeitig unvermeidbarer Revolte und deren Grenzen. Während aber Sartre bereit ist, die gegenwärtige Gewalt und Revolution als notwendig zu deklarieren, versucht Camus das Dilemma zwischen der notwendigen Gewalt und ihrer Unentschuldbarkeit auf einer gleichsam ethisch-moralischen Ebene aufzuzeigen. In einem Kommentar zu seinem Theaterstück *Die Gerechten*,[12] das fast als Gegendrama zu *Der Teufel und der liebe Gott* ausgelegt werden könnte, hat Camus dieses Dilemma folgendermaßen ausgedrückt: «Notwendig und unentschuldbar, so erschien ihnen der Mord. Mittelmäßige Herzen können in der Auseinandersetzung mit diesem schrecklichen Problem sich beruhigen, indem sie eine der Alternativen vergessen. Sie begnügen sich damit, im Namen der formalen Prinzipen alle unmittelbare Gewalt unentschuldbar zu finden, und geben damit dieser unbestimmten Gewalt freien Lauf, die der Welt und der Geschichte angemessen ist. Oder sie trösten sich im Hinblick auf die Geschichte damit, daß die Gewalt notwendig ist, und häufen Mord auf Mord, bis sie aus der Geschichte nur eine einzige und langandauernde Schändung dessen gemacht haben, was sich im Menschen gegen die Ungerechtigkeit auflehnt. Das bestimmt die beiden Gesichter des zeitgenössischen Nihilismus, das bürgerliche und das revolutionäre.» (Camus 2001, 194)

In *Der Mensch in der Revolte* versucht Camus einen Ausweg zu finden, der die – freilich ästhetisierte und romantisierte – Natur gegen die Geschichte stellt, und entwirft ein Denken des Maßes, in dem die Auflehnung des Menschen gegen die Ungerechtigkeit und Unterdrückung eine Möglichkeit findet, die in der Revolte entdeckten Werte – einen Seinsstatus des Menschen, jenseits einer Wesensbestimmung – gegenüber jedem politischen Kalkül, gegenüber jeder Ideologie zu bewahren und zu verteidigen. Im Vollzug seiner Empörung gegen die «conditio humana» und ihre ungerechten Bedingungen entdeckt nach Camus der «homme revolté» jenseits des Ewigen, der Geschichte und der Rationalität einen Wert, der für ihn zum Ausgangspunkt geschichtlichen Handelns wird. Während der Revolutionär nach Camus von der Idee des Menschen ausgeht, die dann gewaltsam verwirklicht und in die Geschichte hineingetragen werden soll, geht der Mensch in der Revolte von der Gegenwart, der Freiheit und Würde der menschlichen Existenz aus, die sich aus Verweigerung und Zustimmung zugleich zusammensetzt. Die im Vollzug der Revolte von Camus behauptete Entdeckung einer «menschlichen Natur», die er freilich auf den romantisierten Begriff der Natur im allgemeinen rückbezieht, bleibt zwar nur angedeutet, widersetzt sich aber entschieden der Auflösung des Menschen in den geschichtlichen Prozess. Die lange Auseinandersetzung mit dem Marxismus in *Der Mensch in der Revolte* endet mit dessen Denunzierung als eines Totalitarismus, der in Terror und Mord einmünde. Als Möglichkeit einer auf der Revolte gegründeten Philosophie nennt Camus eine Philosophie der Grenzen und des Maßes.

Gewiss, Camus' Essay weist viele argumentative Schwächen auf und wird stellenweise eher von moralischen Appellen als von analytischen

Beweisführungen getragen. Für den im kommunistischen Fahrwasser dahinsegelnden Sartre musste dieses Buch gleichwohl als eine massive Provokation erscheinen. Sartres überaus heftige Reaktion läßt jedoch vermuten, daß diese auch mit seiner eigenen damaligen Zerrissenheit zusammenhängt, mit der Schwierigkeit, sein eigenes Bekenntnis zur individuellen Freiheit mit politisch-strategischen Überlegungen zu verknüpfen.

Überdies war, was den Kommunismus betrifft, Camus den umgekehrten Weg gegangen: Ein früher Eintritt in die kommunistische Partei in Algerien, der allerdings, als die Parteilinie umschwenkt, mit dem Ausschluss aus der Partei beendet wurde, ein Eintreten für die ausgebeuteten Araber und Berber, ein soziales Engagement mitbedingt durch seine ärmliche Herkunft. Überhaupt hätten die Gegensätze nicht größer sein können: Wohl verlieren beide früh den Vater (der Vater von Camus fiel im Ersten Weltkrieg), während Sartre aber wohlbehütet im Kreis der Familie Schweitzer aufwächst, lernt der Sohn einer analphabetischen Putzfrau, der im Armenviertel von Belcourt seine Jugend verbringt, früh das Elend kennen. Hier der Absolvent der Ecole Normale, dort der Stipendiat der Universität Algier, hier der Bürgersohn, der dem Bürgerlichen ewige Rache geschworen hatte und sich auf seiten der Proletarier engagiert, dort der Proletarier, der dem Historizismus des Klassenkampfes skeptisch gegenübersteht.

Der Schriftsteller, der sich nicht als Philosoph vereinnahmen lassen will und dessen philosophische Argumentation eher schwach ausfällt, zu Hause in der Welt des Theaters und des Journalismus, steht dem Akademiker, ausgestattet mit den Waffen scharfer Analyse und philosophiegeschichtlicher Gelehrsamkeit gegenüber. Der einige Jahre bestehende Gleichklang beruht eher auf Kameraderie und grundsätzlicher Sympathie als auf Übereinstimmung oder Gleichklang in philosophischer oder politischer Hinsicht.

Als erstes Anzeichen einer zunehmenden Entfremdung kann schon die unterschiedliche Haltung zur Existenz der sowjetischen Straflager und zum Terror des Stalinismus gelten. Die Polemik schließlich, die sich um Camus' *Der Mensch in der Revolte* entfacht, kann hier nicht in allen Details nachgezeichnet werden.[13] Die Stationen der öffentlichen Auseinandersetzung, ausgetragen in *Les temps modernes,* sind rasch aufgezählt: Sartre überträgt eine Besprechung von *Der Mensch in der Revolte* seinem Mitarbeiter Francis Jeanson, der unbarmherzig und sehr polemisch rezensiert. Camus antwortet mit der ironischen Anrede an Sartre als «Monsieur le directeur», und Sartres Replik, die außerordentlich verletzend ausfällt, führt zum endgültigen Bruch. Die für Sartre unannehmbare Kritik der Absolutsetzung der Geschichte vor allem durch Hegel und Marx, Camus' Ideologiekritik, aber auch persönliche polemische Bemerkungen gegen jene «bürgerlichen Intellektuellen, die für ihre Herkunft sühnen wollen, und sei es um den Preis des Widerspruchs und einer Vergewaltigung ihres Verstandes» (Camus 1982, 21), mussten Sartre herausfordern, der in einer scharfen, nahezu giftdurchtränkten Antwort Camus Überheblichkeit, philosophische Ignoranz und eine falsche Sicht auf die Geschichte vorwirft, insofern er deren Sinnhaftigkeit bestritten hatte.

Natürlich dreht sich jenseits aller literarischen und persönlichen Angriffe die beidseitige Polemik hauptsächlich um das Problem des Kommunismus und die Stellung zu ihm. Reformer und Revolutionär, Demokrat und Kommunist, Zweifler und Ideologe stehen einander gegenüber – in Hinblick auf die Französische Revolution von 1789 ließe sich auch formulieren: Der Girondist und der Jakobiner, oder auf russische Verhältnisse übertragen, der Menschewist und der Bolschewist begegnen einander, oder wie Jean Cau nach Gesprächen mit Sartre berichtet, eine «Vedette» (im Sinne eines leichten Kanonenbootes) und ein unversenkbarer Panzerkreuzer haben sich ein Gefecht geliefert (zit. nach Todd 1999, 618).

9. Existentialismus oder Marxismus?

Die Auseinandersetzung mit Albert Camus vollzog sich im Rampenlicht der Öffentlichkeit. Weniger spektakulär verläuft der Bruch mit Maurice Merleau-Ponty, der nach der Veröffentlichung von *Die Kommunisten und der Friede* die Redaktion von *Les temps modernes* verlässt. Neben den philosophischen Differenzen zwischen den beiden im engeren Sinn ist es auch hier Sartres Engagement in der Kommunistischen Partei, das diesen Bruch herbeiführt. Beide waren Studienkollegen an der Ecole Normale gewesen, beide hatten ihre philosophische Entwicklung ausgehend von der Phänomenologie Husserls genommen. Während sich Sartre aber in diesen Jahren zunehmend auf die Seite des Stalinismus stellt, distanziert sich Merleau-Ponty, der zuvor noch, wenn auch mit sehr differenzierten Argumenten, für den sowjetischen Marxismus eingetreten war, zunehmend vom Kommunismus. Der Artikel *Sartre und der Ultrabolschewismus* im Buch *Die Abenteuer der Dialektik* enthält eine scharfe Polemik gegenüber Sartres polit-philosophischem Kurs.

Die letzten Sätze dieses Artikels zeigen die Widersprüchlichkeiten und Inkonsistenzen des Sartreschen Engagements recht gut auf: «Und wenn die Zeitverhältnisse so beschaffen sind, daß man nicht zugleich freier Schriftsteller und Kommunist, oder Kommunist und Opponent sein kann, besteht zwar die Möglichkeit, die marxistische Dialektik, die diese Gegensätze vereinigte, durch ein ermüdendes Hin und Her zwischen ihnen zu ersetzen, doch mit Gewalt lassen sie sich nicht miteinander versöhnen. Man muß also eine andere Aktion als die kommunistische suchen.» (Merleau-Ponty 1968, 244) Die hierbei auftauchende Fragestellung, ob man den Stalinismus verurteilen könne, ohne dabei mit dem Marxismus zu brechen, wird Sartre weiterhin in Atem halten. Und nicht nur ihn: Die Gruppe der «Neuen Philosophen», der Jean-Marie Benoist, André Glucksmann und Bernard-Henri Lévy angehören sollten, wird zwei Jahrzehnte später diese Frage verneinen und eine Wende im Denken der jungen Intellektuellengeneration herbeiführen.

In seinem Nachruf auf Merleau-Ponty behauptet Sartre später zwar einerseits, dass Merleau-Ponty eines Tages die Dialektik satt bekommen hätte und sie zu misshandeln begann, während er selbst ihr treu zu bleiben suchte, andererseits findet er aber auch durchaus Worte der Versöhnung. Ähnliches wird er 1960, nach dem Unfalltod von Camus äußern, den er in die Reihe der französischen Moralisten stellt.

Das Jahr 1956 mit dem Aufstand in Ungarn gegen das von der Sowjetunion gelenkte kommunistische Regime bricht dann den verhärteten Kurs Sartres auf. Den Lobeshymnen auf das sowjetische System nach seiner Russlandreise folgt nun eine kritische Auseinandersetzung. Wiederum handelt es sich um eine Konversion, wenn auch um eine etwas kleinere. Die Unterdrückung des Budapester Aufstandes provoziert Sartre zu einer heftigen Kritik am bestehenden realen Sozialismus, insbesondere jenem der damaligen Sowjetunion. Er sieht nun die immer tiefer werdende Kluft zwischen dem Proletariat, den Arbeitern, dem Volk und der Partei, die er noch wenige Jahre zuvor nicht sehen wollte. Seine Argumentation bewegt sich dabei zur Gänze innerhalb eines politischen Kalküls – moralische Betrachtungsweisen haben hier keinen Platz. Während etwa Camus den sowjetischen Einmarsch im Historismus des Marxismus begründet sieht und in seine Verurteilung die Vorstellungen von Wahrheit und Freiheit einbringt, warnt Sartre neuerlich vor den Moralisten und «schönen Seelen», weil moralische Stellungnahmen politische Manöver verschleierten, und fordert eine politische Beurteilung: «Ich verurteile die sowjetische Aggression voll und ganz. Ohne die geringste Einschränkung. Ohne das russische Volk dafür verantwortlich zu machen, wiederhole ich, daß seine gegenwärtige Regierung ein Verbrechen begangen hat ... Und für mich ist das Verbrechen nicht *nur* der Angriff auf Budapest mit Panzern, sondern auch, daß er ermöglicht worden ist ... durch zwölf Jahre Terror und Dummheit ... Ich sage, daß eine Wiederaufnahme der Beziehungen zu denen, die heute die KPF führen, jetzt nicht möglich ist und nie wieder möglich sein wird.» (*L'Express*, 9. November 1956; zit. nach Cohen-Solal 1988, 552)

Aber dies bedeutet keineswegs einen Bruch mit dem Marxismus, auch kein Ende seines politischen Engagements, das den Intellektuellen Sartre nunmehr im Dienst aller Unterdrückten dieser Welt sieht. Algerien, Afrika, Brasilien, China und Kuba werden die nächsten Stationen sein.

In seiner Autobiographie *Die Wörter* wird Sartre formulieren: «[S]eit ungefähr zehn Jahren bin ich ein Mann, der geheilt aus einem langen, bitteren und süßen Wahn erwacht und der sich nicht darüber beruhigen kann und der auch nicht ohne Heiterkeit an seine einstigen Irrtümer zu denken vermag und der nichts mehr mit seinem Leben anzufangen weiß.» (W 143 f.)

Die zwiespältige Stellung, die Sartre dem Marxismus gegenüber einzunehmen beginnt, deutet sich bereits in seiner früheren Arbeit *Materialismus und Revolution* an. Die dort vorgenommene Kritik an der Naturdialektik und die Apotheose des Revolutionärs machen klar, dass Sartre nicht als Apologet eines klassisch-orthodoxen Marxismus verstanden werden kann. Die sich zugleich abzeichnende Parteinahme für die Arbeiterklasse bedeutet zwar zunächst eine eher vage Einbeziehung einer marxistisch gedeuteten Sozialsphäre, ist aber für Sartre Anlass genug, um eine Art Integration des Existentialismus in den Marxismus vorzunehmen. Sartre verfolgt hier auf mehreren Ebenen eine Doppelstrategie: Zunächst geht es darum, den Marxismus aus

seiner kommunistischen Erstarrung zu befreien. Weiters will er bestimmte Grundüberzeugungen der existentialistischen Philosophie,
wenn auch modifiziert, in das marxistische Urgestein einbringen. Umgekehrt geht es grob gesprochen um eine Korrektur des Individualismus und Subjektivismus seiner ontologisch ausgerichteten Freiheits-
philosophie, um eine Transformation des Zusammenspiels von
Freiheit und Situation in das, was Sartre als Praxis bezeichnet, und
nicht zuletzt um die Entdeckung der Dimension des Geschichtlichen.

Sartre schickt dem Werk *Kritik der dialektischen Vernunft* eine Art
Prolegomenon voraus, das unter dem deutschen Titel *Marxismus und
Existentialismus* erscheint. Die französische Originalfassung gibt sich
philosophisch-wissenschaftlicher: «Question de méthode». Hier ver-
sucht er unter anderem auch das Verhältnis von Existentialismus und
Marxismus zu klären.

Zunächst wird in einer recht orthodox-marxistischen Weise die Philosophie selbst in das Umfeld ökonomischer und klassenspezifischer
Umstände gerückt. Sie erscheint als «Ausdruck der allgemeinen gesellschaftlichen Bewegung», die gleichzeitig als eine bestimmte Art gedeutet wird, «in der die ‹aufsteigende› Klasse Selbstbewußtsein erlangt»
(ME 7). Mehr noch: jede Philosophie entspringt einer sozialen Bewegung und trägt diese auch weiter. Jede Philosophie ist darum zugleich praktisch, mag sie auch noch so kontemplativ erscheinen, und
bleibt nur solange wirksam, als die Praxis, die sie trägt, weiter besteht.
Sartres Bekenntnis zum Marxismus ist massiv und unzweideutig: Der
Marxismus ist und bleibt die entscheidende Philosophie unserer Zeit.
Es ist, wie Sartre weiter ausführt, der historische Materialismus, der
uns «die einzig gültige Interpretation der Geschichte an die Hand» gibt
(ME 21). Andererseits ist es der Existentialismus, der «die einzig konkrete Zugangsmöglichkeit zur Realität bilde[t]» (ME 21).

Es wird deutlich, dass Sartre sich nicht vollkommen in die Arme des
Marxismus stürzt, sondern den Existentialismus, wenn auch als «Ideologie», in diesen einzubringen versucht. Denn der Marxismus befindet
sich – so Sartres Analyse – im Zustand der Erstarrung: Politisch gesprochen ist er zum Herrschaftsmarxismus geworden, philosophisch
gesehen hat er den Einzelnen, das konkrete Individuum, die Kom-
plexität der Lebensumstände des Einzelnen vernachlässigt und über-
gangen. Sartre versucht von daher, den Marxismus mit dem Existentialismus kritisch weiterzuentwickeln.

Zunächst gilt es, die von Sartre im damaligen Marxismus geortete Spaltung zwischen Theorie und Praxis aufzuheben. Anstatt die Wechselwirkung zwischen Theorie und Praxis zu beachten, kommt es innerhalb des Marxismus zu einer Art Vergewaltigung der Realität, «zu einer Umformung der Praxis in einen prinzipienlosen Empirismus und einer Umwandlung der Theorie in ein reines und starres Wissen. [...] [M]an unterwarf *a priori* Menschen und Dinge den Ideen; widersprach die Erfahrung dann den Voraussichten, so konnte nur sie Unrecht haben» (ME 22). Des weiteren vernachlässigt der Marxismus in seinem Übergehen der persönlichen Lebensumstände zur Gänze das Kindheitsstadium des Menschen, das für Sartre nicht nur in Hinblick auf die «konkreten Lebensumstände», sondern auch bezüglich seines zunehmenden Interesses an Biographien und seiner eigenen Autobiographie immer wichtiger wurde. Laut Sartre sieht es nach marxistisch-orthodoxer Lehre so aus, als käme man erst an dem Tag zur Welt, an dem man aktiv in das ökonomische System eingegliedert ist: Die vom Marxismus in Anschlag gebrachte Entfremdung erfolgt indes nicht erst im Berufsleben, sondern beginnt nach Sartre in der Kindheit. Als eine Art Vorgriff auf seine spätere Arbeit über Flaubert lässt sich die kritische Bemerkung verstehen, dass der Marxismus beispielsweise den Realismus der Literatur Flauberts schlicht als symbolisierende Wechselbeziehung zu den sozialen und politischen Entwicklungen des Kleinbürgertums im 19. Jahrhundert interpretiert, aber die Entstehung dieser Wechselseitigkeiten, die auch mit der familiären Situation Flauberts zu tun hat, nicht beachtet: «Der Marxismus gliedert ein, aber er entdeckt sonst weiter nichts.» (ME 49) Hier ist nach Sartre die Psychoanalyse gefordert, der der orthodoxe Marxismus distanziert bis feindlich gegenübersteht und die Sartre als eine vermittelnde Methode einbringt, mit deren Hilfe die Familien- und Gruppenzugehörigkeit erhellt zu werden vermag.

Um diese Schwächen des Marxismus auszugleichen, fordert Sartre ein Doppeltes: Zunächst soll der konkrete Mensch wieder in den Marxismus eingebracht und damit dessen Starrheit aufgelöst werden, indem eine Anthropologie entfaltet wird, die Sartre als «historische und strukturelle Anthropologie» (ME 138) bezeichnet. Nur innerhalb einer solchen, für die das marxistische Denken nach Sartre die Grundlagen bereitstellt, in die aber der Existentialismus den grundlegenden Entwurfs- und Freiheitscharakter der menschlichen Existenz einbringen kann, lässt sich der Mensch in seinen Beziehungen erfassen. Gegenüber den wissenschaftlichen Anthropologien mit ihren biologischen, soziologischen oder ethnologischen Ansätzen und gegenüber einer puren Auflösung der menschlichen Existenz in die Geschichtlichkeit beharrt Sartre auf der Eigenart des persönlichen Entwurfs (vgl. ME 134), der ein Verstehen fordert, für das Sartre eine eigene Methode vorschlägt: die der «regressiv-progressiven Analyse» (vgl. ME 107ff.). Das in dieser Methode implizierte Verstehen hat nach Sartre zwei Richtungen: zum einen rekurriert es «regressiv» auf die Faktizitäten, die Umstände, das Erlebte, und zum anderen «progressiv» auf die Entwürfe, die der Einzelne auf Grund des Gegebenen tätigt, um so zu einer totalisierenden Erfassung des Individuums zu führen. In der *Kritik der dialektischen Vernunft* wird Sartre der regressiv-progressiven Methode noch eine dialektische Wendung geben, ferner wird er sie als grundlegende Methode für die Flaubertstudie anwenden.

Dem Existentialismus spricht Sartre sodann gerade hinsichtlich des Verstehens eine wichtige Rolle zu, weil in ihr der Stellenwert des Einzelnen, des Individuellen, Ausgangspunkt und Ziel in einem darstellt. Individuelle Ereignisse sollen damit in ihrer konkreten Bedeutung im Horizont des Allgemeinen erschlossen werden. Dass hier eine Synthese einiger Grundgedanken von Hegel und Marx mit einer Prise Kierkegaard vorliegt, ist des öfteren bemerkt worden. Im Grunde geht es Sartre jedenfalls in erster Linie um den Einzelnen, seine Freiheit und um das Konkrete. Die als Einleitung zur *Kritik der dialektischen Vernunft* gedachte methodische Voranalyse fasst die Position Sartres in Hinblick auf das Verhältnis von Existentialismus und Marxismus ungefähr folgendermaßen zusammen: Der Marxismus wird grundsätzlich als eine Analyse der modernen sozialen Situation des Menschen bejaht, die von ihm in dialektischer Methode aufgezeigte historische Entwicklung mit den Eckpfeilern Ökonomie und Klassengegensatz aufgenommen, eine dogmatische Dialektik dagegen abgelehnt, da sie deterministisch als Naturdialektik oder ökonomisch verstanden als Geschichtsdialektik über den Einzelnen hinwegfährt. Dessen Stellung und Freiheit einzubringen ist die Aufgabe des Existentialismus, der ausgehend von der individuellen Freiheit nunmehr innerhalb des Marxismus einen Weg zur Freiheit der Anderen, zur sozialen Freiheit, zur Befreiung der Unfreien, Entfremdeten, Unterdrückten eröffnen soll. Damit verbindet Sartre die Hoffnung, dass der Marxismus in einer Art

Selbstreinigungsprozess eines Tages den Existentialismus überflüssig machen wird: «Von dem Tage an, da der Marxismus sich der Untersuchung der menschlichen Dimension (d.h. der Untersuchung des existentiellen Entwurfes) zuwendet und die Grundlegung des anthropologischen Wissens aufnehmen wird, hat der Existentialismus keine Existenzberechtigung mehr. Er ist dann aufgesogen, überschritten und aufbewahrt durch die totalisierende Bewegung des philosophischen Denkens.» (ME 143) Und Sartre vergisst nicht hinzufügen, dass seine Arbeit dazu dienen solle, den Zeitpunkt dieser Auflösung zu beschleunigen.

Es ist in diesem Zusammenhang nicht uninteressant, Sartre autobiographisch zu Wort kommen zu lassen: In *Marxismus und Existentialismus* verweist er zunächst darauf, dass er in seiner Studienzeit mit dem Marxismus höchstens unter der Perspektive vertraut gemacht wurde, ihn zu widerlegen und dass der bürgerliche Humanismus, der quasi seine intellektuelle Kinderstube bildete, erst durch die Kriegserfahrungen und die Erfahrungen der Realität des Marxismus erschüttert wurde. «So entriß uns der Marxismus als ‹weltgewordene Philosophie› der abgestorbenen Kultur eines überlebten Bürgertums. Wir verwechselten lange Zeit *das Ganze* und *das Individuelle*; der Pluralismus hinderte uns daran, die dialektische Totalisierung zu verstehen. Der Krieg ließ endgültig unsere veralteten Denkformen zerplatzen. Der Krieg, die Besetzung, der Widerstandskampf und die folgenden Jahre. Wir wollten auf der Seite der Arbeiterklasse kämpfen. Wir begriffen endlich, daß das Konkrete als Geschichte und dialektische Tat ist.» (ME 20)

Zehn Jahre später wird sich Sartre noch schärfer gegen den Existentialismus und gegen seine eigene Philosophie der Freiheit wenden: «Das entscheidende Problem ist mein Verhältnis zum Marxismus. Auf eine einfache Formel gebracht, könnte man sagen, das Leben hat mich ‹die Macht der Dinge› gelehrt. Ich war also schon auf etwas gestoßen, was mich von außen steuerte, etwas, das nichts mit meiner Freiheit zu tun hatte. Ich war sogar in Gefangenschaft geraten – ein Schicksal, dem ich immerhin zu entgehen versucht hatte. So fing ich an, die Realität der Situation des Menschen inmitten der Dinge zu entdecken, die ich das ‹In-der-Welt-Sein› genannt habe. Als ich unlängst mein Vorwort zu einer Ausgabe dieser Stücke – *Die Fliegen, Bei geschlossenen Türen* und andere – las, war ich geradezu entsetzt. Ich hatte geschrieben:

‹Gleich, unter welchen Umständen, in welcher Lage: der Mensch ist stets frei, zu wählen, ob er ein Verräter sein will oder nicht ...› Als ich das las, habe ich mir gesagt: ‹Unfaßbar, daß ich das wirklich geglaubt habe!›» (SüS 144)

Der Existentialismus soll im Marxismus aufgehen und doch weiter bestehen, der Marxismus bleibt die unübersteigbare Philosophie unserer Zeit und soll dennoch aufgebrochen werden. Das neue Zauberwort anstelle von Engagement heißt nunmehr «Totalisierung».

10. Die Kritik der dialektischen Vernunft

Sieht man von der nahezu stupenden Fülle an Detailuntersuchungen ab, die Sartre in dem fast monströsen Werk *Kritik der dialektischen Vernunft* entfaltet, so lassen sich mehrere große Themenkreise herausheben: Als Kritik der dialektischen Vernunft geht es um ein kritisches Sichselbstverstehen der Vernunft, die aber zugleich auch eine solche ist, die im praktischen Subjekt verankert ist, das heißt, die eine Begründung der sozialen und historischen Strukturen eben dieses praktischen Subjektes geben soll. Diese Dialektik der Praxis bedeutet ein Fortbestehen des Freiheits- und Entwurfcharakters der menschlichen Subjektivität, des existierenden Menschen. Sartre selbst hat in einer Art Nachwort zur *Kritik der dialektischen Vernunft* darauf hingewiesen, dass es darum ging, die Legitimität einer dialektischen Vernunft zu begründen. Kritisch sei dieses Unterfangen deshalb, weil es die Gültigkeit und die Grenzen der dialektischen Vernunft zu bestimmen sucht, ähnlich der Selbstkritik der Vernunft bei Immanuel Kant.

Sartre wird nicht müde, im Dickicht seiner oft auch sprachlich nicht leicht nachvollziehbaren Überlegungen[14] zu betonen, dass diese Dialektik in der Praxis des existierenden Subjekts verankert ist – in Absetzung von der für ihn abstrakten Dialektik Hegels, der Naturdialektik von Engels und auch in Kritik an der Dialektik von Karl Marx: «Die entscheidende Entdeckung der dialektischen Erfahrung ist, daß der Mensch genau in dem Maße durch die Dinge ‹vermittelt› ist, wie die Dinge durch den Menschen ‹vermittelt› sind.» (KV 83) Es ist der Mensch, wie Sartre an anderer Stelle ausführt, der die Dialektik erleidet, indem er sie schafft und sie schafft, indem er sie erleidet (vgl. KV 37).

Sartre zitiert zwar in diesem Zusammenhang Marx und das Diktum, dass der Mensch die Geschichte unter überlieferten Umständen mache, fügt aber hinzu, dass sich die in diesem Satz enthaltene dialektische Rationalität als permanente dialektische Einheit von Notwendigkeit und Freiheit erweisen müsse (vgl. KV 36). Denn da die Dialektik nicht ein von außen kommendes metaphysisches, absolutes oder göttliches Gesetz sei, müsse sie vom Individuum ausgehen. Eine in der Praxis verankerte Dialektik ist auch Vermittlung von Individuum und Allgemeinen: «Die Dialektik als lebendige Logik der Aktion kann sich keiner kontemplativen Vernunft erschließen. Sie erschließt sich bei ablaufender Praxis und als eines ihrer notwendigen Momente.» (KV 39f.)

Vor allem in der Betonung der Praxis des existierenden Menschen, in der die Dialektik verankert bleiben muss, lässt sich unschwer das Fortbestehen der Freiheit und des Entwurfes ablesen. Nur wird der Entwurf jetzt in der Gesamtheit der gesellschaftlichen, ökonomischen und historischen Bedingungen gesehen. Ähnliches gilt auch für die Beziehung zum Anderen, zum Mitmenschen. Ebenso wie dieser durch die Materie vermittelt ist, und umgekehrt diese durch den Menschen, ist damit der Andere auch durch die Materie vermittelt beziehungsweise diese durch den anderen Menschen.

Damit eröffnet sich die Dimension der Geschichte. Im Gegensatz zu Hegel wird die Geschichte aber nicht von einem metaphysischen Gesetz beherrscht, das durch Setzung, Widerspruch und Aufhebung schließlich zu einer Versöhnung, einem «Ende der Geschichte» führt, sondern ist Geschichte des endlichen Menschen.

Sartres Zusammenfassung der «regressiven Methode» lässt das Ziel seiner Untersuchungen recht gut erkennen: «Entgegen der synthetischen Bewegung der Dialektik als *Methode* (das heißt entgegen der Bewegung des marxistischen Denkens, das von der Produktion und den Produktionsverhältnissen zu den Strukturen der Gruppierungen, dann zu deren inneren Widersprüchen, zur Umwelt und gegebenenfalls zum Individuum fortschreitet), geht die kritische Erfahrung vom Unmittelbaren, das heißt vom Individuum aus, um durch immer tiefere Bedingtheiten hindurch die Totalität seiner praktischen Verbindungen mit den anderen wiederzufinden, eben dadurch die Strukturen der verschiedenen praktischen Vielheiten zu entdecken und durch deren Widersprüche und Kämpfe hindurch zum absolut Konkreten vorzudringen: dem historischen Menschen.» (KV 53f.)

Der zweite Band der *Kritik* soll dann von einer progressiven Methode geleitet, das heißt von den sozialen Realitäten aus die dialektische Totalisierung der Geschichte erhellen. Zunächst entfaltet Sartre diese Methode in einem dreistufigen Sinn: die konstituierende Dialektik, die die individuelle Praxis durchtränkt, schlägt in eine Antidialektik um, von der aus die verschiedenen Entfremdungsstrukturen sichtbar werden. Daran schließt sich die gemeinschaftliche Praxis der Gruppe an, in der Entfremdungen überwunden werden, neue allerdings wiederum aufbrechen. Diese verschiedenen Entfremdungsprozesse werden von einer Dialektik bestimmt, in der sich gemäß ihrer klassischen Auffassung Negation, Aufhebung und spiralenartiges Fortschreiten transparent machen lassen.

Der Ausgang von der menschlichen Praxis zeigt den Menschen nunmehr als ein Bedürfniswesen, das diese Bedürfnisse arbeitend befriedigen muss, das also eines «Außerhalb» seiner selbst bedarf, um sich zu verwirklichen. Das Bedürfnis ist damit Negativität, wie das Fragen in *Das Sein und das Nichts*, zugleich aber auch Totalisierung und damit Negation und Negation der Negation in einem. Es ist Mangel und Versuch, die organische Totalität zu erhalten, in einem. Das Bedürfnis zeigt aber zugleich auch an, dass der Mensch als Organismus zum Teil jener Materie angehört, die er andererseits «außerhalb» im Feld der Bedürfnisse wiederfindet. Damit ist der erste Widerspruch nicht wie im klassischen Marxismus zwischen Lohnarbeit und Kapital oder in der Antagonistik der Klassengesellschaft zu finden, sondern im materiellen Sein selbst begründet. Darin ist bereits der weitere dialektische Weg vorgezeichnet: Als Feld der Bedürfnisbefriedigung begegnet die Materie entweder im Überfluss oder in der Knappheit. Beides zwingt den Menschen zur Aktion, die grob gesprochen unter dem Begriff «Arbeit» zusammengefasst werden kann. Dabei wird die Materie aber als etwas entdeckt, das nicht starr und in sich selbst ruhend wie das An-sich-Sein dem Menschen entgegensteht, sondern auf diese Praxis selbst objektivierend zurückschlägt. Die Materie enthüllt sich als «Gegenfinalität», als Antipraxis, die den produzierenden Menschen selbst reproduziert. Die Dialektik hat gewissermaßen die Regie übernommen und den alten Antagonismus von Für-sich-Sein und An-sich-Sein abgelöst. Dies betrifft auch die Stellung des Anderen, der nunmehr im Horizont von Bedürfnisbefriedigung und Arbeit erscheint.

Die Knappheit wird im doppelten Sinn in diesen dialektischen Prozess der Bedürfnisbefriedigung und der Arbeit einbezogen: als kontingent und naturgegeben sowie als Ergebnis der Konkurrenz durch die Anderen. Denn auch wenn die Gegenfinalität der Materie die Fähigkeit aufweist, auf den Menschen zurückzuschlagen, seine Praxis zu absorbieren, ist doch von Anfang an der Andere im Spiel. Die Materie selbst enthält eine dialektische Entfremdungspotenz: Vom Beherrschen der Materie ausgehend erfolgt der Gegenschlag des Beherrschtwerdens durch sie. Diese Forderungsstruktur der in Maschinen – durch den Menschen – transformierten Materie (heute am deutlichsten zu illustrieren am Computer) führt zu einer Umformung der individuellen Praxis selbst, die eine gegenseitige Entfremdung bewirkt und schließlich in die Ausbildung von Klassen mündet. Die Materie schlägt auf die sie verobjektivierende Praxis zurück, Gegenfinalitäten und die Trägheit des «pratico-inerten» rufen Entfremdungen hervor, die sich als Gegenpraxis niederschlagen und sich – im ersten Schritt der Dialektik – negativ gegen den Handelnden wenden. Sartre bringt als weitere Beispiele die Rodung von Wäldern, um das Land fruchtbar zu machen, was sich wieder in Überschwemmungen niederschlägt und zu einem neuerlichen Kampf mit der Materie führt, oder die Industrialisierung, die ihrerseits die Proletarisierung der Arbeiter mit sich bringt. Die Materie ruht eben nicht im Sinne eines «An-sich-Seins» in sich selbst, sondern ist selbst in diesen dialektischen Prozess mitinbegriffen. Die innerhalb dieses dialektischen Geschehens aufbrechenden Entfremdungsstrukturen enthalten bereits auf der Ebene der Bedürfnisbefriedigung und Arbeit die Begegnung mit dem Anderen. Sie bilden die praktische Basis und den sozialen Rahmen von gesellschaftlichen Antagonismen, die sich wiederum zu Klassengegensätzen weiterentwickeln werden.

Gerade diese in der *Kritik* entwickelte dialektische Beziehung zum Anderen stellt wohl eine der interessantesten Theorien des Werkes dar.

10.1 Der Andere, der Konflikt und die Freiheit

Zunächst scheint es so, als würde Sartre auch hinsichtlich der Frage nach dem Anderen die ursprüngliche Konfliktsituation seiner früheren Philosophie beibehalten, allerdings modifiziert durch den Begriff der Praxis und angereichert durch die Dialektik der Beziehungen zum materiellen Sein. Dadurch radikalisiert sich der Konflikt: Die aus der Bedürfnisstruktur und dem Mangel resultierende Knappheit ist ja nicht allein eine solche, die von der Materie ausgeht, sondern wird bereits durch den Menschen, also auch den Anderen, vermittelt gedacht. Darum ist diese Knappheit auch Resultat der Bedürfnisbefriedigung des Anderen, der als Konkurrent und Gegner auftritt. Der in diesem Milieu der Knappheit lebende Mensch, der «Mensch des Mangels» («homme de la rareté», KV 139), findet sich grundsätzlich in Gegnerschaft zum Anderen, denn der Einzelne kann den Anderen nur als Möglichkeit realisieren, jenen Gegenstand zu verbrauchen, den er auch selbst braucht oder verbrauchen will. «Kurz, e[r] entdeckt ihn als materielle Möglichkeit seiner eigenen Vernichtung durch die materielle Vernichtung eines dringenden Bedarfsgegenstandes.» (KV 136) Zwar führt auch die Knappheit zu einer Gemeinschaft, aber höchstens zu einer passiven, innerhalb derer im Grunde die Gegnerschaft jedes gegen jeden bestehen bleibt. Oder, in Sartres eigener Diktion: Die Knappheit «realisiert die passive Totalität der Individuen einer Kollektivität als Unmöglichkeit der Koexistenz» (KV 137). Jeder kann in dieser Situation zum «Überzähligen» werden, jeder aber auch zum möglichen Überlebenden.

In einem weiteren Lehrstück dessen, was Sartre unter Dialektik versteht, wird diese antagonistische Situation nunmehr radikalisiert: Indem ich – arbeitend – versuche, für mich diese Knappheit, den Mangel zu beseitigen, werde ich zu einer Bedrohung für den Anderen, der seinerseits zu einer Bedrohung für mich wird. Sartre interpretiert diese Bedrohung – mit Hegel – sogar als eine Todesdrohung. Innerhalb dieser werde ich aber in meiner individuellen Praxis verändert, oder besser «verandert». Ich bin für jeden beliebigen Anderen ein ebenso beliebiger Anderer, ja noch mehr: «Vermittels der vergesellschafteten Materie und der materiellen Negation als inerter Einheit konstituiert sich der Mensch als ein anderer als der Mensch.» (KV 137) Der sich so konstituierende Mensch erscheint als Gegenmensch («contre-homme»), ja sogar als *unmenschlicher Mensch*», als «homme inhumaine» (KV 138). Selbstverständlich darf diese «Unmenschlichkeit» nicht von einer vorgegebenen menschlichen Natur abgeleitet werden, sie ist vielmehr Ergebnis einer verinnerlichten materiellen Negation und wird solange bestehen, wie die Herrschaft der Knappheit selbst.

Zunächst also ist der Konflikt – dialektisch aufgeladen – nach wie vor das Grundverhältnis zum Anderen ebenso wie die Gewalt, die hier sofort als Gegengewalt gegen die Gewalt des Anderen auftritt, mit dem Ziel, die fremde Freiheit zu vernichten, weil sie mich zu einem Überzähligen zu machen droht. Daraus entsteht zwar eine Wechselseitigkeit, aber eine unechte; wir werden gleichsam nur durch den Mangel in diese Wechselseitigkeit getrieben.

Sartre sieht – und verbindet dies auch mit einer heftigen Kritik am dialektisch-idealistischen Modell Hegels – in dieser Wechselseitigkeit keineswegs eine gleichsam a priori angesetzte Gleichheit zwischen mir und dem Anderen. Dennoch liegt in dieser Wechselseitigkeit in meiner Beziehung zum Anderen – mit der Einbeziehung der Vermitteltheit durch die Materie – ein wichtiger Schritt: Die Negation des Anderen und seine Anerkennung bilden den Motor eines Widerspruches, der zumindest den Weg zu einer Gemeinsamkeit weisen wird. Denn die Knappheit, der Mangel, ist auch Anlass zu «synthetischen Gruppierungen», die sich bilden, gerade um den Mangel zu bekämpfen. Auch wenn dies zunächst nur als flüchtiges positives Moment erscheint, weist es zumindest einen Weg, der zu einer gegenseitigen Anerkennung, zu Solidarität und Gemeinschaftlichkeit führen könnte.

Sartre bewertet nun die Beziehung zum Anderen und ihre in *Das Sein und das Nichts* dargelegte Antagonistik anders. Zwar bleibt die Zweierbeziehung Grundlage jedweder zwischenmenschlichen Relation und Aktivität, sie wird aber sofort in eine dialektische Beziehung zum Dritten eingebaut. Die Zweierbeziehung ist einerseits Grundlage der Beziehung zum Dritten, diese aber wiederum macht in faktischer Wechselseitigkeit die Beziehung zwischen zweien erst zu dem, was sie ist. Damit kommt dem Dritten zunächst eine wesentliche stabilisierende Funktion zu, die sich im dialektischen Fortschreiten allerdings wiederum auch als instabil erweisen wird. Der Dritte wird nun zunehmend eine positive Rolle spielen, er legt die Basis zu einer Solidarität, wie sie Sartre dann in der sich fusionierenden Gruppe wiederfinden wird.

Der Dritte ist in der schon genannten Begründungssituation wechselseitiger Art jener, der die Zweierbeziehung zu einer «synthetischen Einheit» zusammenführt. Diese Einheit, wie Sartre am Beispiel einer Arbeitssituation, die durch einen Dritten kontrolliert wird, näher erläutert, ist zunächst die Einheit einer objektiven Vergegenständlichung. Der Kontrolleur oder Zeitnehmer vergegenständlicht die beiden Arbeiter hinsichtlich eines Zieles, der Fertigung eines Werkstückes. Zugleich realisiert der Dritte diese Beziehung als wechselseitig. Anstatt aber den hegelianischen Weg einer Art von Versöhnung zu gehen, wird auch der Dritte nunmehr in dieses gewandelte Verhältnis miteinbezogen: Der uns als Gemeinschaft konstatierende Dritte, der die Funktion einer objektiven, realen Vermittlung inne hat, führt zu einer Art «Rückentäußerung» meiner selbst. Dadurch wird das dialektische Spiel noch komplexer. Denn nunmehr kann innerhalb dieser Beziehung jeder zum Dritten werden: «[D]er Dritte ist jeder und alle.» (KV 114)

Der Dritte bewirkt, dass aus der ursprünglich durch den Mangel hervorgerufenen wechselseitigen Negation eine Wir-Gemeinschaft entsteht, deren Instabilität freilich durch die mangelnde Verinnerlichung dieser Beziehung gegeben ist: Wir sind – durch den Dritten – eine Art passive Gemeinschaft, vergleichbar dem Objekt-Wir von *Das Sein und das Nichts*. Sartre spricht in diesem Zusammenhang von einer «*Gegenstandseinheit*» (unité objet) (KV 126), die verbindet, aber nicht vereint. «Die Wechselseitigkeit schützt die Menschen also nicht vor Verdinglichung und Entfremdung, obwohl sie beidem grundlegend entgegengesetzt ist.» (KV 117)

Dieser Begriff der Entfremdung, der innerhalb der marxistischen Dialektik eine große Rolle spielt, wird von Sartre ebenfalls modifiziert. Sartre sieht diese Entfremdung – in Abgrenzung vom Marxismus – nicht im ökonomisch-historischen Prozess, bedingt durch die Eigentumsverhältnisse, Kapital und Produktionsverhältnisse, als Erscheinung auf einer bestimmten historischen Stufe, sondern sieht sie als eine nahezu «apriorische» Struktur der menschlichen Praxis selbst. Ihre Wurzeln liegen sowohl im Verhältnis zur Materie wie auch in der Beziehung zum Anderen. Die Entfremdung, von Sartre auch als «permanente Gefahr» (KV 69, Fn. 3) bezeichnet, besteht in der menschlichen Handlung selbst, die von Anfang an durch die Doppelheit ihrer Beziehung zu den Objekten und zu anderen Handelnden geprägt ist (vgl. KV 69). Sartres Analyse der Klasse beschränkt sich darum nicht auf das ökonomisch-historische Feld, sondern begründet auch die Herausbildung von Klassen im grundsätzlichen Mangel der menschlichen Praxis. Man hat darum aus orthodox-marxistischer Sicht diese Auffassung Sartres als «idealistisch» oder «individualistisch» bezeichnet. Entfremdung (aliénation) und «Veranderung» (altération) treffen so zusammen, der marxistische Grundbegriff und der aus der Phänomenologie stammende verschmelzen.

Dass diese Entfremdung nicht einfach in den Produktions- und Eigentumsverhältnissen liegt, sondern gerade in Hinblick auf das Entstehen der Klassen eine viel tieferliegende Bedeutung aufweist, zeigt sich nach Sartre ja auch gerade daran, dass Eigentum und Interesse dessen, der über die Produktionsmittel verfügt, ebenso von ihr geprägt sind. Denn der Eigentümer ist ebenfalls gezwungen, ganz und gar «außer sich zu sein», er verdinglicht sich sozusagen in seinem Besitz und muss sein Interesse darauf richten, diesen Besitz zu erhalten. Aber auch er stößt auf Konkurrenz, auch wenn sich dann – schon um sich zu schützen – die Konkurrenten selbst zu einer gemeinsamen Klasse zusammenschließen, die der Besitzenden oder der Ausbeuter, denen nunmehr die Klasse der Besitzlosen, der Ausgebeuteten gegenübersteht. Die Klasse zeigt sich so für Sartre als ein soziales Gebilde von Individuen, die derselben Situation unterworfen sind und in einer gegenseitigen Beziehung zueinander stehen, die prinzipiell von Entfremdung und Veranderung geprägt ist, wenn sie auch bereits den Keim einer Wechselseitigkeit enthält.

Diese Wechselseitigkeit, im Sinne der «Austauschbarkeit» jedes gegen jeden, innerhalb eines sozusagen von außen gesteuerten Kollektives, nennt Sartre auch «Serialität». Die Serie bildet eine Art passiver Gemeinschaft, in der jeder der Gleiche wie der Andere ist, weil er ja selbst ein Anderer für sich ist. Charakteristisch dafür sind Anonymität und Isoliertheit der Einzelnen voneinander. Sartres Beispiel für die «Serialität» ist die Gruppierung von Personen, die auf ein Verkehrsmittel, etwa einen Autobus warten. Sie bilden eine Ansammlung, eine Menge von isolierten Individuen, die durch ein Interesse von außen, die Erwartung der Ankunft des Busses, vereint sind. Die «Materie» (der Autobus) konstituiert diese Individuen als zukünftige Benutzer und zugleich in ihrer Austauschbarkeit, denn jeder ist der gleiche wie die Anderen – aber, so Sartre, «insofern er Anderer ist als er selbst» (KV 277).

Es lohnt bei diesem Beispiel Sartres Beschreibungen genauer zu folgen, weil sie die Grundfigur seiner Dialektik illustrieren: Die wartenden Personen haben verschiedene Herkünfte, ein verschiedenes Alter, verschiedene Berufe, verschiedene Geschlechtszugehörigkeit. Sie kümmern sich auch im allgemeinen nicht um einander. Ihre Isolierung voneinander ist kein inerter Zustand, sondern eine im Plan eines jeden erlebte, negative Struktur: «Die Isolierung des Organismus als

Unmöglichkeit, sich mit den Anderen in einer organischen Totalität zu vereinigen, offenbart sich durch die erlebte Isolierung hindurch als provisorische Negation der Wechselbeziehungen zu den Anderen durch einen jeden.» (KV 273) Diese Haltung, so Sartre, ist wiederum durch eine andere Art der Gruppenzugehörigkeit bestimmt, durch die jeweiligen Interessen. Dennoch bleibt diese Isoliertheit prägend: «Organische Isoliertheit, erlittene Isoliertheit, durchlebte Isoliertheit, Isoliertheit als Verhaltensweise, Isoliertheit als sozialer Zustand des Individuums.» (KV 275)

Vereint durch ein gemeinsames Interesse werden sie darum von außen durch Austauschbarkeit konstituiert: Sie unterscheiden sich nur durch die individuelle Materialität. Diese Identität in der Andersheit führt zum Widerspruch, sobald der Mangel auftritt: Im Bus ist nicht genug Platz für alle. Damit wird die Serialität vom Anderen – natürlich vermittelt durch die Materie – mitbestimmt: Die Andersheit (altérité) wird zum negativen Prinzip einer Vereinigung, die, wie Sartre feststellt, «Bestimmung des Schicksals eines jeden als Anderen *durch jeden Anderen als Anderen*» (KV 279) geworden ist. Diese formale Struktur nennt Sartre auch die «*Vernunft der Serie*» (KV 281).

Während die Serie also diese Alterität, die sich als Alterität der Identität oder als Identität der Alterität zeigt, nur als eine Art formales Prinzip kennt, sie nicht aus der Entfremdung herausführt und damit eher dem «Man» Heideggers nahe kommt, in dem «jeder der Andere und keiner er selbst ist» (Heidegger, *Sein und Zeit*, 128), ist in der Gruppe, in der für Sartre die Möglichkeit einer Aufhebung der Entfremdungsstrukturen und der Alteritätsstruktur der Serie liegt, eine andere Art der Dialektik wirksam.

10.2 Vom Individuum zur Gruppe

Während die Serialität keine Möglichkeit bietet, zu einer wechselseitigen Beziehung zu gelangen, hält Sartre diese in der Gruppe, und zwar in einer besonderen Form, nämlich der «groupe en fusion», der sich fusionierenden Gruppe, für gegeben. In ihr sieht er eine Form der Gemeinschaft, innerhalb derer die gegenseitige Anerkennung von Freiheiten und Reziprozität in den zwischenmenschlichen Beziehungen möglich ist. Wohl ist für Sartre die passive Einheit der Serialität Voraussetzung für die Bildung der Gruppe, sie ist dies aber nicht in einem apriorischen Sinn und auch nicht im Sinne einer zwingenden Notwendigkeit, weil sie von spontaner und kontingenter Ereignishaftigkeit geprägt ist.

Zugleich jedoch sieht Sartre in dieser sich fusionierenden Gruppe die «unmittelbare menschliche Beziehung» (KV 392) freigelegt, die eines der Ziele seiner Einbringung des Existentialismus in den Marxismus gewesen war.

Zunächst ist es die Bedrohung von Außen, die den Einzelnen aus der Serialität herausreißt und ihn von einem vom Anderen innerhalb der Serialität bedrohten Anderen zu einem vermittelnden Dritten transformiert. Das gemeinsame Ziel – die Abwendung etwa einer Gefahr – verwandelt ihn von jenem Dritten, der objektiviert (also etwa der Kontrolleur) zu einem, der selbst auf dieses gemeinsame Ziel hin bestimmt ist. Diese gewissermaßen «immanent-transzendente» Situation ist etwas, das nun innerhalb dieser Dreierbeziehung jeden zum «Dritten» eines jeden werden lässt, oder um Sartres dialektische Sprache anzuwenden: In dieser gemeinsamen Aktion erscheint jeder als der «Dritte», jeder «als die Wechselseitigkeiten Anderer totalisierend.» (KV 400).

Damit wird der Mensch aus einer «entfremdete[n] Freiheit» (KV 392) herausgelöst, die Entfremdung wird negiert und eine freie Relation zwischen den Einzelnen ermöglicht. Es erscheint das, was Sartre nahezu pathetisch als «menschliche Beziehung» (KV 400) feiert.

Wie kommt es nun zu diesem Übergang von der Serie, die ja auch durch ein gemeinsames Ziel konstituiert wird, zur Gruppe? Sartre illustriert dies am historischen Beispiel eines revolutionären Aktes, nämlich dem Sturm auf die Bastille als Auslöser der Französischen Revolution von 1789. Die Serie (Bevölkerung von Paris oder eines Viertels) wird durch diese gemeinsame Aktion zur Gruppe. Zwar ist auch diese zunächst durch einen äußeren Faktor, die Bedrohung, die von den königstreuen Truppen ausgeht, gesteuert, aber durch die spontan entstehende Aktion vermittelt sich innerhalb der Serie der Einzelne von einem den Anderen Bedrohenden zum «vermittelnden Dritten.» Er schafft für sich selbst und für die Gruppe ein neues Ziel, eine neue Praxis, die ihn und die Anderen der Gruppe nunmehr verwandelt.

Dem Grundgesetz dialektischer Vernunft, der Totalisierung, folgend, legt Sartre nunmehr ein äußerst detailliertes, von historischen, soziologischen und psychologischen Fakten durchtränktes mehrstufiges Strukturmodell der Gruppe vor. Dabei sind vor allem die Grundgedanken der Reziprozität in der Beziehung, die dabei auftauchende Wiedererstehung der Freiheit gegenüber der Notwendigkeit und die differenzierte und aktive Gleichheit der gemeinsamen Praxis wichtig. Als Dritter – und dies ist die festzuhaltende Ausgangssituation – bin ich aktiver Entwurf, Überschreitung des Gegebenen und zugleich aber auch serielles Mitglied. Durch die von mir als Dritten initiierte Aktion wird die Beziehung grundlegend verändert. Die Gruppe wird zu einer Gemeinschaft von Dritten, da ja jeder der Dritte sein kann: «[D]ie Gruppe (ist) gleichzeitig in mir und im Anderen, durch mich im Anderen gewachsen. Und diese Wechselseitigkeit ist vermittelt, weil die Aktion eines jeden, durch seine zahlenmäßige Objektivierung in der Gruppe, der Aktion des Anderen reziprok ist.» (KV 401)

Darin ist der entscheidende Schritt Sartres innerhalb dieses dialektischen Wechselspiels von Freiheit und Notwendigkeit, Alterität und Identität, Exteriorisierung und Interiorisierung zu sehen. Die Alterität oder Veranderung innerhalb der Serie macht einer Reziprozität Platz, in der der Andere weder der ganz Andere noch mit mir identisch ist: Er ist vielmehr «*der Gleiche* wie ich» (KV 403).

Dadurch dass der «vermittelnde Dritte» eben nicht Objekt, sondern Praxis ist, kann ich mich in seine Handlungen integrieren, ich «interiorisiere», wie Sartre sich ausdrückt, meine Objektivität, die damit nicht mehr Entfremdung bedeutet. Auf dieser Grundlage entsteht eine wechselseitige Anerkennung der Freiheiten, die Bewahrung meiner eigenen und die Integration der Freiheit der Anderen: «[D]iese Bedingtheit meiner selbst durch alle Dritten ist gerade meine eigene Freiheit, die sich in meiner individuellen Aktion und durch sie als gemeinsame Aktion erkennt.» (KV 404) Diese Einheit der Gruppe führt nun nicht allein zur reziproken Anerkennung der Anderen (als jeweils Dritten), sondern eröffnet zugleich das Feld einer nicht mehr entfremdeten Freiheit, einer Freiheit, die sowohl meine Besonderheit wie auch eine Freiheit als Allgegenwart darstellt. Im Unterschied etwa zum Alternieren von Anerkennung und Ablehnung auf der Ebene von *Das Sein und das Nichts* wird hier Freiheit nach Sartre in der Wechselseitigkeit realisiert. «Eben dieses Freiheitsmerkmal ist es nun, das in jedem Dritten das Begreifen des Anderen (des ehemaligen Anderen) als *des Gleichen* entstehen läßt: Die Freiheit ist zugleich meine Besonderheit und meine Allgegenwart. Im Anderen, der *mit mir* handelt, kann ich meine Freiheit nur als *die gleiche* erkennen, das heißt als Besonderheit und Allgegenwart. Sie ist es also, die als dialektische Struktur der Aktion den Dritten verbietet, sich von den Dritten *als Andere* bestimmen zu lassen.» (KV 428 f.)

Auf die Erstürmung der Bastille angewendet, bedeutet dies die Reziprozität einer gemeinsamen Praxis, in der jeder zum Dritten wird. Konkret: Einer ruft «Zur Bastille», die Gruppe nimmt den für einen Augenblick «regulativen Dritten» wieder auf, ein Anderer, Gefahr erkennend, schreit «Halt» – und wird dadurch ebenso zu diesem Dritten.

Die Einheit der Praxis der Gruppe durchdringt die Freiheit unserer wechselseitigen Aktionen, und da meine Praxis zugleich Praxis der totalisierten Gruppe darstellt und bald mich, bald den mir gleichen Anderen als Dritten hervorbringt, kann Sartre hier von der Erfahrung eines «Wir» sprechen, das weder ein solches von Objekten noch von Subjekten darstellt. Es ist dies für ihn kein substantielles, sondern ein praktisches Wir, das eine verinnerlichte Vielheit bedeutet: «Nicht daß ich Ich im Anderen bin: sondern *in der Praxis* gibt es keinen *Anderen*, es gibt nur mehrere Ich.» (KV 421)

Ich und Andere bilden hier ein «Wir», in dem wir einander als gleiche anerkennen, ohne durch die Andersheit wieder voneinander getrennt zu sein. Es gibt auf dieser Ebene auch keine Hierarchie, denn jeder kann zu diesem «regulativen Dritten» werden. Hier liegt für Sartre der «Beginn der Menschlichkeit» (KV 464). Die Gruppe realisiert die Ideale von Freiheit, Gleichheit und Brüderlichkeit. Es gibt keine gemeinsame identische menschliche Natur, sondern «die vermittelte Wechselseitigkeit der Bedingtheiten» (KV 464). Nicht eine gemeinsame physische Zugehörigkeit, sondern ein «schöpferischer Akt» schafft dieses Wesen.

Wenn es so etwas wie gelingende Sozialität im Denken Sartres gibt, dann ist sie innerhalb der sich fusionierenden Gruppe verwirklicht, die sich zugleich auch als revolutionäre Gruppe verstehen muss. Ja es scheint, als bliebe sie auf diese revolutionäre Situation beschränkt.[15]

Als eine faktisch-kontingente Einheit *ist* sie eigentlich nicht, sondern existiert in der Weise des Sich-Entgehens. Ihre grundsätzliche Instabilität führt auch dazu, dass sich die in ihrer in einheitlicher Praxis Zusammengeführten eigentlich erst im nachhinein erfassen. Die von Sartre dabei angesprochene Spontaneität, die plötzliche Wiederkehr der Freiheit, wird im Fortgang des realdialektischen Prozesses wiederum von zwei Seiten bedroht: zum ersten vom Zerfall der Gruppe nach Erreichung des die gemeinsame Praxis bestimmenden Zieles und zum zweiten durch die ständige Trägheit des «Pratico-Inerten».

Sobald die Gruppe ihr Ziel erreicht hat, im genannten Beispiel die Erstürmung der Bastille, ist sie dem Zerfall ausgesetzt – die Leute sind siegestrunken, wollen feiern und nach Hause gehen. Dies wiederum kann entweder den Rückfall in die Serialität des Kollektivs bedeuten oder zu stabilisierenden Maßnahmen führen, die die Gruppe nunmehr nach innen wenden muss, um sich als Gruppe zu erhalten. Die auf sie von außen zukommende Gewalt führt dazu, dass sie nicht nur Gegengewalt gegen diese Bedrohung ausüben muss, vielmehr erhält diese nun auch eine interne Dimension. Die Gruppe muss sich organisieren, sie muss – mit dem Ziel der Sicherstellung der freien und gegenseitigen Anerkennung – ihre Freiheit durch stabilisierende und organisatorische Maßnahmen verfestigen. Damit gerät die Dialektik von Freiheit und Notwendigkeit, von Freiheit und Zwang auf eine neue Stufe. Gleichzeitig tauchen aber damit neue Entfremdungsstufen auf, die zum Problem der Gewalt und des Terrors führen.

Zunächst ist es der Eid, der die innere Einheit und Konsistenz der Gruppe sichern muss. Er ist gleichsam die erste Stufe der Stabilitätssicherung der Gruppe. In ihm meint Sartre sowohl Freiheit wie auch «inerte» Dauer dieser Gemeinschaftlichkeit verbinden zu können. Die Gruppe muß sich ja sich selbst und ihre Zukunft zum Zweck setzen, um als Gruppe bestehen zu können und die in ihr entwickelte Freiheit des Einzelnen und der gemeinsamen Praxis zu bewahren. Der Eid soll nun bewirken, dass die Freiheit – obwohl eingeschränkt –weiterhin die Freiheit aller (in der Gruppe) garantiert. Der Eid ist eine interne Erfindung der Gruppe selbst, die dem in ihr liegenden Gefahrenmoment begegnen soll, nachdem die äußere Gefahr sozusagen nicht mehr besteht. Er eröffnet aber auch eine neue Stufe des dialektischen Prozesses: Einerseits verhindert er die Möglichkeit eines Zerfalls, einer Zerstreuung der Gruppe, andererseits setzt er meiner Freiheit eine Grenze. Damit aber finde ich mich in meiner freien Praxis erneut als ein «Anderer» wieder, weil eben diese Unüberschreitbarkeit des Eides von einem Dritten herrührt. Eine Abweichung von diesem Eid macht mich zum Verräter, zum Wortbrüchigen, zum Dissidenten. Deshalb muss die Stabilität der Gruppe durch weitere Maßnahmen wie Statuten, Gruppierungen, Kontroll- und Polizeiorgane gewährleistet werden. Dabei nimmt das Problem der Gewalt offene Formen an.

Natürlich bleibt Sartre, um die Freiheit innerhalb der Gruppe zu verteidigen, weiterhin auf einem dialektischen Kurs: Die entfremdete Andersheit, die in der sich fusionierenden Gruppe überwunden wurde, teilt sich in eine serielle Andersheit im Sinne einer von außen kommenden und erlittenen und in eine «funktionale Andersheit» im Sinne einer «verinnerlichten», in der ein Fortbestehen der Reziprozität zwischen den Dritten gewährleistet sein soll. Dennoch: Im Verlauf der Institutionalisierungsstufen schwingt sich der vermittelnde Dritte schließlich innerhalb der Gruppe zum Souverän auf: zum Chef, zum autoritären Befehlshaber.

Dieser neue Zwang entsteht innerhalb der Gruppe selbst. Der Eid ist eine Art Garantieerklärung, die den Anderen durchaus, wie Sartre meint, das Recht verleiht, Gewalt gegen mich anzuwenden. Damit ist dem Spannungsfeld Brüderlichkeit – Terror neuer Raum gegeben. Denn diese Brüderlichkeit gründet gleicherweise auf Freiheit und Terror. Die Organisation ist Verteilung einer bestimmten Funktion, die der Einzelne ausüben muss – auf der Basis seiner Freiheit selbstverständlich –, um den Zielen der Gruppe zu entsprechen. Damit überschlägt sich sozusagen die Dialektik: Der einzelne nimmt eine Unfreiheit einer Freiheit wegen auf sich, von der man allerdings betonen kann, dass sie abstrakt und allgemein, fast im Hegelianischen Sinn als Gestalt eines objektiven Geistes umschrieben werden kann (so etwa Hartmann 1966, 150; Theunissen 1965, 230; Dressler 1969, 146ff.; Waldenfels 1983, 118f.)

Der weitertreibende Widerspruch dieser Konzeption liegt im Grunde darin, dass sich einerseits der Einzelne – auf Gefahr seiner Liquidation – nicht von der Gruppe, an die er durch den Eid gebunden ist, loslösen kann und andererseits gerade wegen der regulativen Funktion des Anderen sich nicht völlig in die Gruppe zu integrieren vermag.

Anders gesagt: Der Konflikt zwischen dem Individuellen und dem Gemeinsamen erweist sich letztlich als unüberwindlich, auch wenn er durch den Terror zunächst hintanzuhalten versucht wird. Denn der grundlegende Status der vereidigten Gruppe ist, wie Sartre unumwunden formuliert, der Terror, freilich ein Terror, der vereinigt und nicht trennt: «Indem sich diese Menschen durch den Eid als *gemeinsame Individuen* konstituiert haben, treffen sie nämlich ihren eigenen Terror beieinander als *den gleichen* an. Sie erleben *hier* und *überall* ihre *begründete* (das heißt begrenzte) Freiheit als ihr In-der-Gruppe-Sein und ihr In-der-Gruppe-Sein als *das* Sein ihrer Freiheit.» (KV 462).

Was hier nahezu als Apotheose des Terrors und in der Tat als finstere orthodoxe kommunistische Position erscheint – Schauprozesse, Selbstkritik, Einverständnis des Dissidenten mit seinem Todesurteil – führt für Sartre zu der kuriosen Konstruktion einer «freien Gewalt» (KV 458) im Gegensatz zur Naturgewalt oder der Gewalt des jeweiligen Gegners. Die Freiheit tritt hier in einer seltsamen dialektischen Verkleidung auf: Sie muss auf sich selbst Druck ausüben – bis zur Todesdrohung, da sie sich nur so gegen sich selbst als freie Möglichkeit eines Abfalls verteidigen kann (vgl. KV 459).

Die so erlaubte Gewalt, die eine Art Unterwerfung unter das «individu commun» verlangt, bestimmt auch den nächsten Schritt der Gruppenexistenz: ihre Institutionalisierung. «[I]m Rahmen der Institutionen wird die Gemeinschaft versuchen, sich einen neuen Einheitstyp zu geben, indem sie die Souveränität institutionalisiert, und das gemeinsame Individuum verwandelt sich selbst in institutionelles Individuum.» (KV 626) Die Entfremdung, die durch die gemeinsame Praxis aufgehoben war, kehrt dabei wieder: Die Institution selbst verdinglicht sich, sie wird Objekt eines kollektiven Feldes, innerhalb ihrer bildet sich Autorität, in der die Leitungsfunktion an eine herrschende Person oder Gruppe (die Partei) entäußert wird.

Damit ist gegenüber der ursprünglichen Konzeption der Gruppe ein entscheidender Wandel eingetreten: Sie ist ein Gebilde mit festen Funktionen, gleichsam eine «Institution» mit Befehlsstruktur, Überwachungsorganen, Kontrolle. Da sie in Konkurrenz und auch im Nebeneinander zu anderen Gruppen steht, da es einen Pluralismus von Gruppen gibt, kann Sartre die Gesellschaft auch als eine Art Inbegriff von Antagonismen verstehen. Hegels Begriff des Ganzen wird von ihm bekanntlich als idealistisch abgelehnt, ebenso wie Sartre den Staat einerseits mit Marx als Ausdruck der herrschenden Klasse versteht, andererseits als souveräne Einheit aller, aber in Richtung auf einen Organisationsgrad einer wiederum verfestigten Serialität. Sartres Ausführungen zum Staat zeigen einmal mehr Sympathie und Kritik zugleich am kommunistischen Staat. Klaus Hartmann hat dies gut zusammengefasst, wenn er formuliert: «Insofern gibt es also bei Sartre weder eine *Theorie* des Staates noch der Gesellschaft in dem Sinne, daß deren Struktur normative Reflexion auf ihre plurale Existenz wäre. Noch gibt es aber eine eigentliche *Utopie*. Insofern ist Sartre ‹realistisch›, im Gegensatz zum Marxismus.» (Hartmann 1966, 173)

Dies hindert Sartre allerdings nicht, eine eher laue Kritik am sowjetischen Marxismus anzubringen. Wohl gibt er zu, dass die sozialistische Revolution keineswegs eine Diktatur des Proletariates hervorgebracht habe, und bezeichnet diese überhaupt als einen optimistischen Begriff, für dessen Verwirklichbarkeit es zu früh gewesen sei. Das Zusammenspiel von Bürokratie, Terror und Persönlichkeitskult sei in dieser ersten Etappe unvermeidlich. Auch wenn Sartre in der Folge «Entbürokratisierung, Dezentralisierung und Demokratisierung» des Staates und die Bildung von Arbeiterräten fordert (KV 700) – verschanzt er sich letztlich hinter der Beschreibung, dass bürokratischer Terror die Differenz zwischen konstituierender und konstituierter Dialektik widerspiegelt (vgl. KV 701). Mit anderen Worten: Erneut ist eine Art Selbstbeschränkung der Freiheit angesagt, aufgeladen und angeschwollen zu Sätzen wie: «Die Erfahrung vollendet sich hier in einer zirkulierenden Flucht der Aufklärungen: Die praktische Einheit der sich organisierenden Gruppe liegt in ihrem Gegenstand, in den ihr äußeren Gruppen, sie geht einen Augenblick lang in jedes Mitglied des Unternehmens als ausgeschlossener Dritter ein, sie findet sich theoretisch und praktisch in der Aktivität des Souveräns wieder. Dagegen begreifen wir unmittelbar die wirkliche Macht der Gruppe durch die Ohnmacht jedes ihrer Mitglieder. Die Gruppe, eine Praxis, die sich in der Materie verfängt, gewinnt also durch ihre Materialität – das heißt durch ihr Prozeß-werden – ihre eigentliche Wirksamkeit. Aber genau in dem Maße, wie die Praxis Prozeß ist, verlieren die angestrebten Ziele ihren teleologischen Charakter. Ohne daß sie aufhören, im eigentlichen Sinn Ziele zu sein, werden sie zu Schicksalen.» (KV 702)

Fehlt noch die Einbeziehung der historischen Dimension, um neuerlich den Verdacht der Unauflöslichkeit des Konfliktes, der Entfremdung der Freiheit in diesem Werk zu erhärten.[16] Geschichte wird von Sartre im Aufgreifen und in Modifikation des Hegel-Marxschen Modells als ein sich totalisierender und dialektischer Prozeß aufgefasst. Auch hier bewegt sich Sartre in einer doppelten Frontstellung: Einerseits weigert er sich, einer historischen und dialektischen Gesetzmäßigkeit das Wort zu reden, die als Gesetz der Geschichte über den Einzelnen, über die Praxis hinweggeht –; andererseits sieht er die Geschichte als Feld der menschlichen Praxis, in der die Freiheit durch die Praxis des Anderen immer in Entfremdung und Bedrohung gerät.

Diese gegenseitige Bedingtheit von Entfremdungs- und Befreiungsprozess bildet die Geschichte selbst, die als solche nie abgeschlossen ist, nie vollständig totalisiert werden kann. Darum kann ein vorgegebenes dialektisches Konzept von Geschichte, deren Endziel dann der zu sich selbst gekommene absolute Geist im Sinne Hegels oder die klassenlose Gesellschaft im Sinne von Marx wäre, nicht angenommen werden. Ob es nun die weltgeschichtlichen Individuen wie bei Hegel oder die Klassen sind, die allenthalben als Akteure in die Notwendigkeit des (dialektischen) Ganges der Geschichte eintreten; so zeigt sich hier ein Sinn, eine Wahrheit, die unabhängig ist von den Absichten, Wünschen und Taten des konkreten Menschen. Sartre setzt gegen diese Behauptung der Geschichte als eines souveränen und unabhängigen Subjektes die unaufhebbare Bedeutung der Einzelpraxis, und im Entwurf seiner strukturellen und historischen Anthropologie, die die strukturellen Bedingtheiten des menschlichen Lebens ebenso herausarbeiten will wie seine geschichtliche Situation, steht die Frage im Mittelpunkt: «Gibt es eine Wahrheit vom Menschen?» (KV 869) Darum muss dieser Sinn von Geschichte ständig in der Bewegung der Totalisierung angestrebt werden, ohne dass er je erreicht werden kann. Denn, wie Sartre gegen Ende der *Kritik der dialektischen Vernunft* erklärt, wenn Geschichte keinen pluralen, sondern nur mehr *einen* Sinn haben würde, wäre dies eine «Totalisierung ohne Totalisierer» (KV 865), das heißt ohne Hegelschen Weltgeist, ohne göttliche Macht oder ein übermenschliches Geschick.

11. Die Freiheit und der Revolutionär

Kampf und Konflikt auf der Ebene der Gruppen und der Klassen stehen auch im posthum erschienenen zweiten Band der *Kritik* im Vordergrund, wo Sartre den Sinn von Geschichte weiter zu entschlüsseln versucht. Er schließt sich immer unkritischer der Marxschen These vom Klassenkampf an. Dies wird sowohl in seiner langen Analyse der Geschichte des Kommunismus in der Sowjetunion deutlich als auch in jener der Französischen Revolution. Während erstere der Frage nachgeht, wie aus dem Bolschewismus Stalin hervorgehen konnte, versucht er in zweiterer das Phänomen Robespierre innerhalb der Französischen Revolution gleichfalls aus der «praktischen Totalisierung» zu erklären. Letztlich wird mit bereits bekannten Argumenten – bei dezenter Verurteilung der Exzesse und Brutalitäten Stalins und des Terrors Robespierres – der Notwendigkeit das Wort geredet, zugunsten der totalisierenden Praxis einzelne Individuen zerstören zu müssen.

Sartres in der Integration des Existentialismus in den Marxismus enthaltener Versuch, die menschliche Freiheit mit der Notwendigkeit, den freien Entwurf mit der «Macht der Dinge» in Einklang zu bringen, scheint mit Ausnahme einer einzigen sozialen Realität gescheitert: Nur in der sich fusionierenden Gruppe ist zumindest momenthaft jene Freiheit verwirklicht, die über die Freiheit des einzelnen Subjektes hinaus zu einer Anerkennung der Freiheit des Anderen und mithin zu einer gelingenden Gemeinsamkeit führt.

Diese gegenseitige Anerkennung der Freiheiten ist freilich eine flüchtige. Der Konflikt, Grundthema der Beziehung zum Anderen in *Das Sein und das Nichts*, bleibt das Grundverhältnis dieser Beziehungen. Ja, er verschärft sich noch durch die Verwandlung der Existenz in die Praxis. Der mich bedrohende Blick des Anderen hat sich zum mich entfremdenden Ausbeuter gewandelt oder zum bedrohenden Konkurrenten im Kampf um die Behebung des Mangels; die «Hölle», die die Anderen darstellen, ist nunmehr zur Hölle des «Pratico-Inerten» geworden, in der der Konflikt nur noch radikaler ausgetragen wird, da hier meine ganze Existenz auf dem Spiel steht.

Von hier aus betrachtet erscheint die in der sich fusionierenden Gruppe erreichte Anerkennung als ein Ereignis, ein flüchtiges Moment in der Geschichte meiner Beziehung zum Anderen, während Entfremdung, Konflikt, Negation und Ausschließung sozusagen ihre Struktur darstellen.

Darum kann die geforderte Wechselseitigkeit, die gegenseitige Anerkennung, aber auch die Verwirklichung der Freiheit im Grunde genommen nur im Geschehen der Revolution, im Kampf selbst liegen und erstarrt erneut in den diversen Entfremdungsmechanismen, sobald das Ziel des revolutionären Aktes erreicht ist.

Die Verklärung des Revolutionärs und das Bekenntnis zu einer anarchistischen Grundhaltung prägen deshalb die philosophische wie die politische Grundhaltung Sartres in den folgenden Jahren, mit dem Höhepunkt der Parteinahme für die Mairevolution 1968, der Zusammenarbeit mit maoistischen Gruppen danach und dem spektakulären Besuch in Stammheim 1974, wo er die inhaftierten Angehörigen der RAF (Rote Armee Fraktion) aufsuchte, seinen zahllosen Reisen nach Kuba, China und in die Sowjetunion, der Teilnahme an sogenannten Volkstribunalen und dem Bertrand-Russell-Tribunal gegen den Vietnamkrieg der USA, um nur einige der Ereignisse dieser Jahre zu nennen.

Bereits in *Materialismus und Revolution* hatte Sartre ein Bild des Revolutionärs gezeichnet, das neben einigen mythischen und verklärenden Elementen auf die Freiheit als unerlässliches Motiv, aber auch als Bedingung revolutionären Handelns verweist. Denn die Situation der Unterdrückung allein ist keineswegs ausreichend, um den Revolutionär hervorzubringen: Dieser ist zwar in die äußeren, gesellschaftlichen Umständen verstrickt und von ihnen bedingt, zugleich aber jenes «rechtfertigungslose und freie Wesen», das in der Lage ist, in seinen Entwürfen über diese hinauszugehen, sie zu verändern. Ziel dieser Revolution ist es, der Vielheit und Pluralität der Freiheiten Rechnung zu tragen und einen gesellschaftlichen Zustand zu erreichen, in dem die gegenseitige Anerkennung herrscht.

Auch wenn Sartre gegen Ende der *Kritik der dialektischen Vernunft* den Verlust der angestrebten Ziele eingeklagt hatte, hält er andererseits doch an ihnen fest: In einem Interview aus dem Jahr 1979 nennt er als oberstes und utopisches Ziel, «eine Gesellschaft ohne Macht, ohne Staat» (AM 365) anzustreben, und scheut sich auch nicht, diese als eine anarchische Gesellschaft zu bezeichnen, in der «kein Mensch irgendeine Macht über einen anderen Menschen besitzt» (AM 366).

Später wird er dies mit einer moralischen Komponente versehen und antiautoritäre kleine Gemeinschaften fordern, die auf Transparenz, Achtung und sogar Liebe aufgebaut sind.

Noch steht aber das Bekenntnis zur revolutionären Gewalt im Vordergrund, zu jenem auch innerhalb der revolutionären Gruppe notwendigen Terror, dem Sartre durchaus eine positive Seite abgewinnen kann. Denn diese Gewalt sichert nicht allein die Revolution, sie ist zugleich auch, wie schon in der *Kritik der dialektischen Vernunft* ausgeführt, immer Gegengewalt, Antwort auf eine ursprüngliche Unterdrückung. Dieses Bekenntnis zur Gewalt radikalisiert sich sodann: zum einen im Zuge einer wachsenden Sympathie mit antikolonialistischen Bewegungen (Algerienkrieg, Aufstände in Afrika, kubanische

Revolution etc.) zum anderen durch die Ereignisse des Mai 1968 und die durch Sartre erfolgte Unterstützung linksextremer und maoistischer Gruppen. Der damals in Frankreich und in ganz Europa entstehende sogenannte «tiers-mondanisme», die Hinwendung zu den Problemen der Dritten Welt hat mannigfache Wurzeln, darunter auch die steigende Skepsis gegenüber dem sowjetischen Marxismus, der sich immer deutlicher als Herrschaftsmarxismus erweist. Stand Sartre schon zur Zeit des Algerienkrieges in vorderster Front für ein unabhängiges Algerien (was ihm mehrere Bombenattentate auf seine Wohnung von seiten der rechtsgerichteten OAS-Bewegung eintrug), so entdeckt er nun zunehmend die am meisten Unterdrückten, die kolonialisierten Völker, die *Verdammten dieser Erde*, wie ein Buch des aus Martinique stammenden Arztes Frantz Fanon heißt, zu dem Sartre ein Vorwort verfasst. In diesem Vorwort verteidigt Sartre unumwunden die Gewalt, die er als einzige Möglichkeit ansieht, sich aus der Unterdrückung zu befreien. Dass dabei ein paar Ausrutscher in den Formulierungen auftauchen, wie etwa, dass die Gewalt gegenüber dem Kolonialherrn notwendig ist, um sich als Mensch zu realisieren und dass «[d]iese ununterdrückbare Gewalt nichts weiter (ist) als der sich neu schaffende Mensch» (VF 18), zeugt von seinem verbalen Radikalismus. Die Gewalt ist gerechtfertigt, weil sie eine universale Freiheit nach sich ziehen wird, auch wenn Sartre nicht die Augen davor verschließt, dass auch der Sieg der «Kolonialisierten» in neuen Terror münden wird, einen Terror, der, wie die *Kritik* gezeigt hatte, ständig auch nach innen erneuert werden und sich erneuern muss.

Dass Sartre bereits im Jahr 1961 auf Grund der Dialektik des Terrors diesen auf Europa übergreifen sieht («Der Terror hat Afrika verlassen, um sich bei uns einzunisten. Jetzt werden wir Schritt für Schritt den Weg gehen, der zum Eingeborenenstatus führt», VF 24), hat freilich angesichts der derzeitigen Situation der Weltpolitik eine traurige Bestätigung erfahren. Da die Struktur der kapitalistischen Gesellschaft selbst auf einer diffusen Gewalt beruht, entzieht sich diese jeder ethischen Beurteilung und wird in den Rahmen politischer Zweckmäßigkeiten gestellt.

Dieses Engagement für die Entrechteten und Unterdrückten setzt sich in allen politisch-polemischen Schriften Sartres zu dieser Zeit fort, wobei deren unterschiedliche Qualität hier nicht beurteilt werden soll.

Den anderen politischen Schwerpunkt bildet für Sartre, wie bereits angedeutet, die Mairevolte 1968 – auch wenn die Begeisterung von seiten der revoltierenden Studenten für Sartre nicht so groß war wie umgekehrt diejenige Sartres für diese Bewegung. In den nächsten Jahren von der «Gauche proletarienne» in die Pflicht genommen, setzt er große Hoffnung in diese Bewegung, die ihn jedoch eher benutzt, als seine eigenen grundlegenden Vorstellungen und Ideen fortzuführen. Sartre sah in der Mairevolte vor allem eine Bestätigung seiner eigenen revolutionären Forderungen nach Freiheit und jener Souveränität, die jenseits der Institutionen die Spontaneität der Gruppe ausmacht.

Der alte Sartresche Traum von einer Verbindung zwischen Studenten und Arbeitern, Intellektuellen und Volk schien vor seiner Erfüllung zu stehen, als sich der studentischen Revolte ein Generalstreik anschloss, der immerhin von neun Millionen Menschen getragen wurde. Sartre, dessen Stern für die radikalen Gruppen längst vom strukturalistisch orientierten Marxisten Louis Althusser überstrahlt wurde, schließt sich den Maoisten an und übernimmt nach der Verhaftung der beiden Herausgeber von *La cause de peuple*, Jean-Pierre Le Dantec und Michel Le Bris, die Herausgabe der Zeitschrift. Später sollten sich noch mehrere andere extreme linke Blätter seiner Herausgeberschaft anvertrauen.

Seine publizistische Tätigkeit in diesen Jahren, die oft starke Züge eines Agit-prop-Aktivismus aufwies, ist zusammen mit einigen Interviews im Sammelband *Der Intellektuelle und der Revolutionär* in ihren Höhepunkten zusammengefasst, wobei Sartres simplifizierte Aufteilung der Gewalt in eine gute und eine böse Gewalt besonders provozierte: «Sobald sich das Problem stellt, eine revolutionäre, nicht-kapitalistische Gesellschaft aufbauen zu müssen, heißt das sofortige und totale Gewalt. *Die Gewalt ist etwas absolut Notwendiges.* Aber Gewalt ist immer schlecht, das steht außer Frage. Nur ist sie unerläßlich und da gut, wo sie *Volksgewalt* ist. Man muß einzig und allein die *Zweckmäßigkeit* betrachten. Da also, wo Entführungen zweckmäßig sind, d. h. da, wo der Klassenkampf sich auf einer gewissen Höhe entfaltet hat, erscheint mir das vollkommen gerechtfertigt.» (IR 75 ff.) Man kann über vieles rätseln, was Sartre offen oder stillschweigend guthieß: die Mordaufrufe, die Billigung der Massaker an israelischen Sportlern anlässlich der Olympiade in München oder die brutalen Aufforderungen zu Lynchjustiz an diversen «Chefs», wozu diese Blätter aufriefen.

«Muß ich wiederholen, daß ich zu jenen gehöre, denen es nicht gelingt, in der kurzen Phase des Maoismus etwas anderes zu sehen als eine Neuauflage, eine radikalere und exotischere Neuauflage der großen stalinistischen Delirien von den dreißiger bis zu den fünfziger Jahren?» (Lévy 2002, 553). So wird Lévy, der Schüler Althussers und Weggenosse von André Glucksmann, diese Zeit später kommentieren.

Gerade die Frage der Gewalt im Zusammenhang mit der Frage der Freiheit wird die letzten Lebensjahre Sartres dominieren, jene Jahre, in denen er – nicht zuletzt zum Schrecken seiner bisherigen «Familie» – mit Benny Lévy (Pierre Victor), den er aus der maoistischen Bewegung kannte, zusammenarbeiten wird.

12. Jenseits des Kommunismus

12.1 Das Individuelle Allgemeine: Flaubert

War schon die *Kritik der dialektischen Vernunft* ein monströses und in seinem Duktus schwer nachzuvollziehendes Werk, so gilt dies auch für die Biographie Flauberts *Der Idiot der Familie*. Diese Textmasse von fast 3000 Seiten stellt den zweifellos hybriden Versuch dar, die Frage «Was kann man heute von einem Menschen wissen» am konkreten Beispiel Flaubert zu beantworten, wobei dieses «gigantische literarisch-philosophische Gesamtkunstwerk» (Lesch 1989, 266) fast alle Motive des Sartreschen Œuvres vereint. Man hat es in der französischen Kritik auch als ein «Prosagebirge» bezeichnet, «ein pyrenäenhaftes Massiv von Kritik, wo die hochgelegenen, gewundenen Täler gespickt sind mit soziologischer, marxistischer, psychoanalytischer Gelehrsamkeit» (Simon 1971). Gewiss kann man auch mit weniger Ehrfurcht an dieses Werk herangehen, es als nahezu unlesbar bezeichnen und das Ineinander von hermeneutischen, strukturalistischen und dialektisch-marxistischen Methoden unter Einbeziehung von Soziologie und Psychoanalyse nicht bloß als methodische Erschließung des «individuellen Allgemeinen» werten, sondern auch als einen gigantischen Versuch der eigenen Selbstaufarbeitung und Selbstbewältigung. Hinter diesem Werk, das Freud mit Marx, Proust mit den Strukturalisten, das hermeneutische Verstehen mit dem der Praxis, politische Theorie und Ethik mit literarisch-romanhaften Formulierungen verknüpft, steckt auch eine Fortsetzung der Autobiographie *Die Wörter*, mit deren Hilfe eine Entmystifizierung seiner selbst, eine Heilung von jener Neurose des Schreibens, von den Wörtern her erfolgen sollte, mit denen Sartre im Flaubertbuch so verschwenderisch umgeht. Man kann in diesem Werk auch den persönlichen Versuch Sartres sehen, seinen eigenen Abschied von der Literatur, bereits vorgezeichnet in *Die Wörter*, im nachhinein zu rechtfertigen.

Sicher handelt es sich bei dieser «Biographie» am allerwenigsten um einen literaturhistorischen Versuch, die Beziehung zwischen einem berühmten Schriftsteller und seinem Werk darzustellen, auch wenn Sartre dies unbekümmert verkündet, den in den späten sechziger Jahren in Frankreich bereits losgetretenen texttheoretischen und linguistischen Diskursen strukturalistischer Provenienz (Barthes, Derrida, Lacan, der Gruppe Tel quel) gewissermaßen zum Trotz. Im Grunde geht es darum, die «strukturelle und historische Anthropologie», das Programm der *Kritik der dialektischen Vernunft*, an einem bedachtsam ausgewählten Beispiel, dem Schriftsteller Gustave Flaubert, darzustellen. Flaubert wird für Sartre zum Paradigma seiner dialektischen Grundthese, dass der Mensch aus dem, was man aus ihm gemacht hat, seinerseits etwas macht: die individuell einmalige Gestalt seines Lebens, die gleichwohl immer dem Universellen und Allgemeinen verpflichtet bleibt.

Im Gegensatz zu den unübersehbaren Einzeluntersuchungen, dem dialektischen Hin und Her zwischen der personalen, kindheits- und familiengeprägten Situation Flauberts, seiner frühkindlichen «Idiotie» – die bekanntlich umstrittenen «Leseschwierigkeiten», die ihn schließlich zu einem berühmten Schriftsteller werden lassen –, skizziert Sartre im Vorwort relativ präzise die Absicht seines Unterfangens: Um die Frage, was man von einem Menschen wissen kann, zu beantworten, gilt es dem «Einzelnen Allgemeinen (singulier universel) Menschen» in der Totalisierung durch seine Epoche, die er seinerseits wiederum retotalisiert, um sich als Einzelner hervorzubringen, nachzugehen.

Die Gestalt Gustave Flauberts hatte Sartre schon seit Jahrzehnten beschäftigt. Die von ihm angegebenen Gründe, zuerst Antipathie, dann Empathie, Vorliegen eines reichen Dokumentationsmateriales, reichhaltige «Objektivation» des Lebens in seinem Werk, ließen sich sicherlich dadurch ergänzen, dass Sartre, wie er schon in seiner Autobiographie *Die Wörter* angeführt hatte, auch der allgemeinen Fragestellung nachgehen wollte, was einen Menschen eigentlich zu einem

Schriftsteller mache. Überdies stehe Flaubert an einem Kreuzpunkt aller heutigen literarischen Probleme, sei er doch der Schöpfer des modernen Romans. Wie auch immer: Sartre eröffnet mit diesem Werk erneut den «Krieg der *Wörter*» (Lévy 2002, 582), der ein Krieg mit Flaubert, aber auch mit sich selbst zu sein scheint.

Seiner Methode folgend gliedert Sartre das Werk in die Abschnitte «Konstitution», «Personalisation», «Elbehnon oder die letzte Spirale» (eine letzte Anspielung auf Mallarmé), «Objektive und subjektive Neurose». Will man die von einem Gemenge verschiedener Textschichten, konventioneller Erzählhaltung, Kommentaren, Rückblenden, literatur- und sprachtheoretischen Diskursen, Geschichtsdeutungen, soziologischen, strukturalistisch gefärbten Diskursen und von dialektischen Passagen durchzogenen 3 000 Seiten einigermaßen überblicken, so ist es ratsam, der Innenperspektive und Gliederung Sartres selbst zu folgen.

Die Abschnitte «Konstitution» und «Personalisation» gelten im wesentlichen der Kindheit und Jugend Flauberts, bis hin zu jenem Tag, an dem der 22jährige Flaubert anlässlich einer Kutschenfahrt eine Art epileptischen Anfall erleidet.

Dass Konstitution nicht im landläufigen Sinn physische oder psychische Veranlagung meint, bedarf wohl keines besonderen Aufweises. Sie ist vielmehr im phänomenologischen Kontext einer «Konstituierung» von Sinn zu verstehen und führt für Sartre zurück in den lebensgeschichtlichen Kontext, der in der ersten Phase, der Kindheit, nicht vom handelnden Subjekt ausgeht, sondern von außen gestaltet wird. Flaubert wird gleichsam «als ein passiv Handelnde[r] konstituiert» (IF I, 182). Diese Konstitution kommt von «außen», durch die Familie, im besonderen Fall durch die Mutter und ihren frommen und zugleich eisigen Eifer. Deshalb räumt Sartre nunmehr der familiären Situation besonderen Raum ein, nicht ohne wiederum der Einbettung der Familie in das soziale und historische Feld, innerhalb dessen sie sich bildet, Tribut zu zollen. Das Grundmuster innerhalb der Familie (begabter älterer Bruder, mit dem Gustave ständig verglichen wird, autoritärer Vater (Chefchirurg), unterwürfige und fromme Mutter, die sich eine Tochter gewünscht hatte und dem zweitgeborenen Sohn darum wenig an Liebe entgegenbringt) prägt die Grundmuster des Verhaltens des kleinen Gustave.

Das Ausgeliefertsein an die Familie kommt einer Art Entzug der Freiheit, einer Deprivation gleich. Damit ist aber noch keine Determination gegeben, selbst wenn alle äußeren Bedingungen innerhalb der Familie dafür sprechen. Natürlich kommt hier auch Sartres eigene Abneigung und Feindschaft gegenüber der Familie zum Ausdruck, wie er sie in *Die Wörter* seitenweise genussvoll zelebrierte, ebenso wie jene gegenüber dem Bürgertum, in das die Arztfamilie Flaubert eingebettet war.

Charakteristisch für die Sichtweise Sartres sind bereits die ersten Sätze des ersten Bandes: «Als der kleine Gustave Flaubert verstört, noch ‹tierhaft› aus dem frühkindlichen Alter auftaucht, erwarten ihn die Techniken. Und die Rollen. Die Dressur beginnt: offenbar nicht ohne Erfolg. Dagegen wissen wir, daß der zukünftige Schriftsteller mit der ersten großen Probe, dem Erlernen der Wörter, Schwierigkeiten hatte.» (IF I, 11) Dieses Problem der Wörter, der Sprache, die der kleine Gustave als eine Macht erfährt, die von den Anderen auf ihn ausgeübt wird, wird in den weiteren Schritten von Sartres Interpretation, der Personalisation, schließlich dazu führen, dass aus ihm ein Schriftsteller wird. Denn immerhin ist Gustave – ebenso wie Sartre – von Anfang an durch das Wort geschädigt. Sartres Sprachtheorie, in Zusammenhang mit der von ihm vertretenen Auffassung von Literatur, die er im Gegensatz zu den strukturalistisch orientierten Linguisten entwickelte, steht hier ebenso Pate wie der Zusammenhang von Sprache und Eingliederung in eine soziale Gemeinschaft.

Die Entsprechung von Wörtern und Dingen, an der Sartre im Grunde genommen festhält, zerfällt für den jungen Flaubert, der sich (nicht zuletzt wie Sartre selbst) auf eine zweifache Bedeutung der Sprache bezieht, ihre Zeichenrelation und ihre magische Dimension.

Das Fazit der langen Analysen der Mutter-Sohn-, der Vater-Sohn- und der Geschwister-Beziehung des kleinen Gustave steht insgesamt im Zeichen der Entäußerung, des ersten Totalisationsschrittes, des Bestimmtwerdens durch die Anderen, wobei Sartre auch den Einflüssen von Ideologien und Religion eine beachtliche Bedeutung einräumt. Die religiöse Mutter einerseits und der von szientistischem Positivismus geprägte Vater andererseits stürzen Gustave in ein Dilemma, das ihn zeitlebens beschäftigen wird.

Die Freiheit und Möglichkeit, auf diese konstituierenden Prozesse zu reagieren, stellt Sartre unter dem Titel der «Personalisation» dar, dem Prozess der Reaktion des Einzelnen auf die ihm gleichsam aufgezwungene Konstitution, durch den er nun sein Leben gestaltet, zur

Person wird. Die diesem Vorgang zugrundeliegende methodische Denkfigur ist bekannt: Der Einfluss der Familie führt zu einer Prägung, die vom Kind verinnerlicht wird, zugleich aber wird diese Verinnerlichung oder Interiorisierung wieder veräußerlicht und damit überschritten. Oder, in Sartres eigenen Worten: «[N]iemand kann sich leben, ohne sich zu schaffen, das heißt, ohne auf das Konkrete hin zu überschreiten, was man aus ihm gemacht hat.» (IF I, 656)

In der äußerst dichten Einleitung zum Begriff der Personalisation verweist Sartre immer wieder auf zwei Metaphern: den Schneeball und die Spirale, wobei beide Kontinuität und Prozesshaftigkeit vereinen, der Schneeball vergrößert sich bei jeder Drehung, dreht sich aber immer um seinen Kern, die Spirale steigt auf und ab und kehrt wieder zu ihrem, wenn auch veränderten Ausgangspunkt zurück, in Kreisbewegungen um ein Zentrum:»In jedem Fall ist die Personalisation beim Individuum nichts anderes als die Überschreitung und Aufbewahrung (Übernahme und innere Negation) dessen, was die Welt aus ihm gemacht hat – und immer noch macht – innerhalb eines totalisierenden Entwurfes.» (IF II, 15)

Totalisierung, Detotalisierung und Retotalisierung sind keine bloße Bestandsaufnahme, sondern intentionale und zielgerichtete Neuvereinigungen. Die Zielrichtung Flauberts besteht letztlich darin, ein Schriftsteller zu werden: «Ich werde Schriftsteller sein. Das ist die gewordene Antwort des Jungen auf seine innere Zerrissenheit, das ist sein Engagement, seine grundlegende Option.» (IF II, 17) Bei der Analyse dieser mit Personalisation gleichzusetzenden Entwicklung greift Sartre auf seine früheren kunsttheoretischen Betrachtungen, vor allem aber auf die Bedeutung des Imaginären zurück: Auf das, was für Flaubert die Wahl des Irrealen bedeutet und was Sartre zugleich auch als einen Seinsmangel auslegt. Darin ist das Konstituierte zugleich bewahrt wie auch aufgehoben und überschritten.

Das Gebiet des Imaginären ist gleichzeitig eng mit dem Nichts verbunden. Flauberts Vorliebe für liegende Steinfiguren auf Särgen, denen man eine menschliche Gestalt ohne Leben verliehen hat, ist Ausdruck dieser Art Flucht «ins Imaginäre», die von Sartre mit den Stationen «Schauspieler» und «Autor» nachgezeichnet wird. Irrealisierung und schließliche Akzeptanz dieser Lebensform werden in den weiteren Drehungen der Spirale ebenso sichtbar gemacht wie das Verhältnis zur Sexualität, das ebenfalls von Irrealisierung gekennzeichnet ist und einen Schlüssel für Flauberts geheime Feminität darstellt. Denn auch hier gilt Sartres frühe Auffassung: «Die Sexualität ist nämlich weder Ursache noch Wirkung, sie ist Totalisierung des Erlebten durch das Geschlecht, das heißt sie faßt alle Strukturen, die eine Person charakterisieren, zusammen und sexualisiert sie.» (IF II, 52)

Gustave macht sich also zum Künstler, um sein reales bürgerliches Sein durch dieses imaginäre Sein zu bekämpfen. Der dazu nötige Akt der Befreiung, des Schaffens von Freiraum, geschieht durch den Ausbruch der Neurose, der Nervenattacke, die ihn 1844 auf der nächtlichen Kutschfahrt mit seinem Bruder befällt. Damit ist in der Interpretation Sartres die letzte Spirale der Personalisation erreicht. Seine Analyse verläuft dreistufig: zunächst in einer Rekonstruktion der Sachverhalte und Gegebenheiten, dann in einer Nachzeichnung der Selbstinterpretation durch Flaubert und schließlich in einer Deutung dieser Neurose als Antwort auf den bisherigen Prozess der Personalisation. Zunächst verschafft die Krankheit Flaubert die Möglichkeit, das verhasste Studium der Jurisprudenz abzubrechen, der Eingliederung in einen bürgerlichen Beruf zu entkommen und sich durch eine Art symbolischen Vatermord vom übermächtigen Oberhaupt der Familie zu befreien.

Gerade die Erschütterung der väterlichen Autorität – die Fehldiagnose seiner Krankheit, die falsche Behandlung durch den Vater –, von Flaubert nahezu mit Befriedigung aufgezeichnet, führt zu einer Art Umkehrung des Verhältnisses, einem Erzwingen jener Aufmerksamkeit, die ihm als Kind nicht gewährt worden war. Dass sich Sartres Deutung des symbolischen Vatermordes vom Freudschen Schema weit entfernt und durchaus auch im Sinne einer Antipsychiatrie interpretiert werden kann, ist des öfteren bemerkt worden. Der symbolische Vatermord besteht hier im Vollstrecken des (imaginierten) väterlichen Fluches: Der zum Idioten gemachte Gustave richtet dadurch seinen Vater – er erklärt sich auch nach dessen Tod als geheilt.

Die Ablehnung des psychoanalytischen Modells von Freud hat Sartre bereits in seinem eigenen Entwurf einer existentiellen Psychoanalyse dargelegt. Entscheidend ist nicht allein eine Ablehnung des Unbewussten und der Trieblehre, sondern vor allem die Auffassung, die Psychoanalyse sei nicht imstande, die Individualität eines besonderen Entwurfes zu erklären, weil sie ein individuelles Faktum aus der Überschneidung abstrakter und allgemeiner Gesetze bestimmen wolle. Das Allgemeine wird dabei als Begründung des Besonderen herangezogen, während seine eigene Analyse das Besondere im Allgemeinen und umgekehrt zu verstehen versuche. Überdies geht es nach Sartre auch darum, nicht nur Träume, Fehlleistungen, Zwangsvorstellungen und dergleichen zu analysieren, sondern Gedanken im Wachzustand, Handlungen, Entschlüsse. Dass dennoch eine generelle Übereinstimmung bezüglich der Deutung der Neurose besteht, tut dem keinen Abbruch.[17]

Der entscheidende Schritt der Interpretation Sartres besteht nun darin, jene dialektische Entwicklung nachzuzeichnen, «durch die der künstlerische Entwurf und der neurotische Entwurf einander derart bedingen, daß das Schreiben Neurose und die Neurose Literatur wird» (IF VI, 162).

Sie ist damit eine positive und strategische Antwort auf die Frage nach dem Künstlertum Flauberts. Der Verlust der Ebene des Wirklichen bedeutet den Gewinn der Ebene des Irrealen. «Wer verliert, gewinnt»; das ist das Ergebnis von Sartres Analyse der «Education sentimentale». Zunächst geht es um eine Rationalisierung dieses Geschehens der Neurose, dann um das, was Sartre als den «gelebten Sinn» bezeichnet. Beides gehört für Sartre zur grundsätzlichen Beziehung von Kunst und Neurose: Die Neurose hat Flaubert die Lösung seines Schriftstellerproblems geboten, indem sie jene Form der Literatur entstehen ließ, die seinem «passiven Handeln» entsprach. Der Wirklichkeitsverlust radikalisiert gewissermaßen das Imaginäre. Nach Sartre ist es der Entwurf der Existenz des Schreibens, der hier seinen Ausdruck findet, ein Entwurf, der eine unentwegte Verwandlung des Realen in Schein, ins Irreale bedeutet, die Verwandlung der Welt in ein Reservoir von potentiellen Bildern.

Sartre sieht darin aber auch eine Dialektik des Stils zwischen Realität und Irrealität. Flauberts «realistischer Stil» verbirgt sein eigenes Gegenteil: die Irrealisierung der Sprache, die von jeder kommunikativen Zweckhaftigkeit abgehoben wird. Denn hier zeigt sich neben dem Übergang vom Dichter zum Künstler zugleich auch, dass Flaubert damit zum Herren über Realität und Irrealität wird, auch wenn Sartre die Dichtung als bloße Flucht vor dem Realen ins Imaginäre, die schriftstellerische Tätigkeit hingegen als Abwertung des Realen durch Realisierung des Imaginären versteht.

Die weiter entwickelte Deutung der Poetik Flauberts durch Sartre kann nur angedeutet werden: Er resümiert sie in dem Satz: «[D]ie höchste Schönheit ist die absolute Illusion und die Kunst der Gesichtspunkt des Todes.» (IF IV, 353) Damit verbindet sich bei Flaubert ein nachgerade diabolisches Unterfangen: nämlich «die Welt so zu reproduzieren, als wenn sie das Werk einer Freiheit wäre, die sich zum Ziel gesetzt hätte, das radikal Böse zu verwirklichen» (IF V, 23).

Dieses radikal Böse sieht Sartre als das Sein des Nicht-Seins. Derealisierung und Totalisierung vereinigen sich hier, oder wie Sartre selbst pathetisch-lyrisch formuliert: «Das einzige Problem, das einzige Anliegen des Künstlers, so wie Flaubert ihn auffaßt, ist also die Kunst. Ich will sagen: die Gesamtheit der Verfahren, die es ermöglichen, das verfaulende Sein im Spiritus des Nicht-seins zu erhalten.» (IF V, 25) Gerade in dieser Dialektik von Realem und Irrealem liegt der Anspruch der Kunst Flauberts, denn um zu zeigen, dass die Welt eine Hölle ist, kann man sich die schrecklichsten Szenen ausdenken, einen Heiligen aufs furchtbarste foltern lassen, alle möglichen Grausamkeiten darstellen, man kann aber auch, so Sartre in Anspielung auf *Madame Bovary*, einen Medizinalrat in der Provinz und seine ehebrecherische Frau zum Sujet nehmen.

Von der Nachzeichnung dieser «subjektiven Neurose» Flauberts geht Sartre nunmehr zu dem über, was er als «objektive Neurose» bezeichnet, das ist die Neurose einer ganzen Epoche. Es geht nunmehr – der Methode der regressiv-progressiven Analyse folgend – um die geschichtlich-gesellschaftlichen Bedingungen für das Werk Flauberts beziehungsweise um die Akzeptanz und Rezeption seines Werkes in dieser Epoche.

Dabei beschränkt sich Satre nicht auf die Nachzeichnung der Situation des Schriftstellers vor dem Hintergrund des «objektiven Geistes» seiner Epoche, sondern bündelt Literaturtheorie, Geschichtsphilosophie, Literatursoziologie und Werk-, Produktions- und Rezeptionsästhetik unter hermeneutischen sowie epistemologischen Gesichtspunkten. Die Dialektik von Struktur und Ereignis durchzieht diese Ausführungen ebenso wie ihnen eine marxistisch gefärbte Klassentheorie, vor allem in den Analysen des Bürgertums der zweiten Hälfte des 19. Jahrhunderts, zugrunde liegt. «[W]ie hat das Irresein eines einzelnen zum kollektiven Irresein werden können und, mehr noch, zur *ästhetischen Räson* seiner Epoche?» (IF V, 35)

Auf der Basis seiner früheren literaturtheoretischen Thesen – vornehmlich der Beziehung zwischen Schriftsteller und Leser – entfaltet Sartre in nahezu unüberschaubarer und damit auch schwer nachvollzieh- oder überprüfbarer Fülle sein Grundschema: Die Vereinzelung oder Individualisierung des Allgemeinen durch den Autor wird in dessen Werk wieder entäußert und zugleich in der Aufnahme durch den Leser weiter verallgemeinert, totalisiert. Der «objektive Geist», der dieser Epochenrekonstruktion zugrunde liegt, erinnert zwar sofort an Hegel und die Inkarnationen des Geistes in Familie, Recht und Staat, wird aber von Sartre umgedeutet: «In Wahrheit ist der Objektive Geist – in einer bestimmten Gesellschaft zu einer gegebenen Epoche – nichts andres als die Kultur als praktisch-inert. Das heißt zunächst, daß am Ursprung der Kultur die *erlebte, aktuelle* Arbeit steht, insofern sie *per definitionem* die Natur überschreitet und in sich aufbewahrt.» (IF V, 47)

Die Affinität, die Sartre zwischen dem individuellen Imaginären Flauberts und den Objektivierungen der sozialen Kontexte feststellt, ist nun so beschaffen, dass sie wiederum zu – neurotisch begründeten – falschen Beziehungen zwischen Leserschaft oder Publikum und Autor führen muss. Flauberts Vermögen, mit seinem Werk seine Epoche auszudrücken, realisiert sich ja erst durch die Anerkennung, die ihm seine Leserschaft zollt. Diese Anerkennung aber, die ja eine Anerkennung der «subjektiven Neurose» impliziert, kann nur eine Quasi-Anerkennung, oder noch schärfer, eine falsche sein, die sich dadurch jedoch wiederum als eine wahre ausgibt: «Es ist das Publikum selbst, das in diesem besonderen Fall diesen falschen Zeugen in einen wahren Zeugen seiner Epoche verwandelt. Und da ja die Objektivität des Werks *prinzipiell* eine falsche bleibt, kann seine Wahrheit ihm nur durch die Epoche selbst geschehen.» (IF V, 39) Dies aber wiederum ist nur möglich, wenn sich die Gesamtheit des sozialen Lebens als eine «falsche Objektivität» erlebt. Damit decken sich gewissermaßen die subjektive Neurose Flauberts und die objektive Neurose seiner Epoche.

Deshalb beharrt Sartre auch darauf, dass die Neurose Flauberts sich in seinem Werk «objektiviert», insofern sie als eine Vereinzelung dessen erscheint, was eben Neurose des «objektiven Geistes» genannt werden kann. Damit wird neben den subjektiven Bedingungen der Neurose Flauberts, die in erster Linie im familiären Bereich liegen, eine zweite Bedingung herausgearbeitet: die Forderung, die von der Epoche aus an die Kunst gestellt wird oder, etwas plakativ formuliert, die vom «Zeitgeist» ausgeht, jene Anforderung also, die das Selbstverständnis des Individuums, seine Deutung, sein Verhalten mitbestimmt.

Für den Schriftsteller gilt dann, dass seine Tätigkeit einerseits bestimmten Erwartungen der Gesellschaft gehorcht, andererseits durch die schöpferische Leistung diese Erwartungen selbst verändert.

Entspricht nun seine eigene Forderung an die Kunst nicht den gesellschaftlichen Realitäten und den auf ihnen beruhenden Erwartungen, so ist der Schriftsteller gleichsam gezwungen, sich außerhalb der Gesellschaft zu positionieren und die gesellschaftliche Realität zu irrealisieren. Die Neurose wird zum «operativen Imperativ» des Schriftstellers Flaubert in der Zeit zwischen 1830 und 1850, also der Periode des «Bürgerkönigs» Louis Philippe.

Sartre vertritt in langen und ausschweifenden Analysen der Situation des Schriftstellers des 18. Jahrhunderts die Auffassung, dass der sich in dieser Periode für die Menschenrechte und das aufstrebende Bürgertum einsetzende Schriftsteller, ohne es zu wissen, ein an diese bürgerliche Klasse gebundener Schriftsteller war und dass nach dem Sieg des Bürgertums über die Aristokratie der Schriftsteller gleichsam sein Publikum verloren habe. Das Ziel des «postromantischen» Schriftstellers ist ein anderes. Seine Hauptforderungen sind nun Autonomie und Selbstzweckhaftigkeit der Kunst. Die von Sartre vehement bekämpfte L'art pour l'art-Bewegung hat hier einen ihrer Ursprünge. Diese Autonomie, die auch in Reaktion auf die Forderung des bürgerlichen Publikums nach einer Stärkung der bürgerlichen Klasse gegenüber dem aufkeimenden Proletariat und der immer noch vorhandenen Macht des Adels durch die Literatur entsteht, ist zugleich eine Forderung nach der absoluten Kunst. Deren Negativität und Verneinung der Wirklichkeit, die Betonung des Imaginären und Irrealen führen nach Sartre aber ebenso zu einer als «inhuman» bezeichneten Kunst. Zugleich impliziert dies des weiteren ein dreifaches Scheitern: ein Scheitern als Schriftsteller, das Scheitern als Mensch, und ein Scheitern des Werkes selbst. Das Scheitern des Künstlers, des Autors, so Sartre, bestätigt der Bruch mit dem Publikum, das Scheitern als Mensch beinhaltet die Bewegung ins Irreale, wobei dieses Scheitern in der realen Welt nachgerade zur Voraussetzung des Künstlertums wird, und das Scheitern des Kunstwerkes liegt in seiner eigenen Entwirklichung, die es zum bloßen Schein macht, ja letztlich zu dem, was Sartre als Scherzartikel bezeichnet (vgl. IF V, 195 ff.). Kurz: Literatur kann auf Grund der

Widersprüchlichkeit der an sie ergehenden Imperative der Epoche nur in der Form der Neurose realisiert werden.

Dass diese Kunst dennoch ihr Publikum findet, beruht wiederum auf der im «individuellen Allgemeinen» des Künstlers angelegten Dialektik sowie in der behaupteten Prophetie der Flaubertschen Neurose. In der subjektiven Neurose habe er die kommende objektive Neurose seiner Zeit vorweggenommen. Nach der niedergeschlagenen Revolution von 1848 zerfällt gleichsam die humanistische Pose des Bürgertums und legt den Hass als Grundlage aller gesellschaftlichen Beziehungen frei. Wieder tritt Sartres grundsätzliche Dialektik auf den Plan: Der dem Bürgertum entgegengebrachte Hass der niedergeschlagenen Proletarier wird von ersterem wieder interiorisiert und bildet zusammen mit der szientisch-positivistischen Fortschrittsgläubigkeit und der frühkapitalistischen Ethik der Leistung eine Situation, die die konkrete Menschlichkeit zugunsten eines abstrakten Ideals aufgibt. Sie schlägt sich in einer Art trinitarischen Einheit nieder: *«[D]em Profit um des Profites willen* entspricht *die Wissenschaft um der Wissenschaft willen* und *die Kunst um der Kunst willen.»* (IF V, 294)

In dieser grundsätzlichen Tendenz, die das «menschliche Ding» an die Stelle des Menschen setzt, die seine Entfremdung gewissermaßen interiorisiert, siedelt Sartre die Wiedergewinnung des Publikums für Flaubert an: Sein Roman *Madame Bovary* würde in verdeckter Weise den im Leser existierenden Hass vergegenwärtigen, indem er diesen gleichsam ins Imaginäre verschiebt: «Der Haß des Lesers ist real und begründbar: der Mensch, wie man ihn auf jeder Seite des Buches entdeckt, bringt ihn durch seine Verhaltensweisen selbst hervor.» (IF V, 341)

Denn durch die hasserfüllte Zurückweisung jedes Publikums, so Sartre, gewinnt der Autor unwissentlich genau die Leser, die er zurückwies, wieder zurück. Gerade diese Passagen (vgl. IF V, 338 ff.) offenbaren beides: die Inhumanität des realen Besitzenden und die Inhumanität des Künstlers. Dass diese neue Kunst, die sich in den Werken Mallarmés, Baudelaires und vieler anderer fortsetzen wird, eine Art totalen Hass darstellt, scheint auf den ersten Blick befremdlich – irgendwie scheint Sartres so oft geäußerter Hass gegen das Bürgertum und zugleich auch die aus seiner Position der engagierten Literatur kommende Abneigung gegen die «L'art pour l'art»-Auffassung des Kunstwerkes hier durchzuschlagen.

Um die Akzeptanz dieser «absoluten Kunst» durch das Bürgertum nachzuzeichnen, eröffnet Sartre im letzten Abschnitt des Buches eine umfassende Analyse der sich neu etablierenden pseudo-aristokratischen Welt, mit der sich Flaubert in der Deutung Sartres identifiziert. Die politische Operette des zweiten Kaiserreiches ist neuerlich eine kollektive Lüge, die sich die Beständigkeit des Wahren gibt, eine derealisierte Gesellschaft, aber konsistenter als das Reale selbst (vgl. IF V, 589 ff.).

Wesentlicher als eine Untersuchung und kritische Prüfung der Detailanalysen Sartres, wichtiger als eine hier nicht zu leistende kritische Auseinandersetzung mit seiner monumentalen Nachzeichnung des Lebens und Schaffens von Flaubert, das allerdings wie vieles bei Sartre fragmentarisch geblieben ist und gerade eines der Hauptwerke Flauberts, *Madame Bovary*, nicht mehr miteinbezieht, scheint die Frage, inwieweit Sartres literaturtheoretische und ästhetische Theorie einer engagierten Literatur durch die in dem Buch über Flaubert entwickelte hermeneutische Position verändert wurde. Und hier ist entscheidend, daß Sartre mit seiner historisch-strukturellen Anthropologie daran festhält, dass ein Individuum immer mehr ist als die strukturellen Bedingungen, die es bestimmen – womit Sartre sich im Gegensatz zum Strukturalismus befindet, insofern Jacques Lacan, Claude Lévi-Strauss und Michel Foucault die Stellung des souveränen Bewusstseins und Subjektes angreifen, was sodann zu Beginn der sechziger Jahre auch zu einer heftigen Kontroverse mit Sartre führen sollte. Daneben ist es nicht so wesentlich, ob Sartre Flauberts Ästhetik, die er von Mallarmé beispielsweise überholt und radikalisiert sieht, auch tatsächlich ihren eigenen Voraussetzungen angemessen denkt.

Sartres Anspruch bleibt ähnlich wie jener, den er Flaubert unterstellt, ein absoluter: Allein schon die Ausgangsfrage «Was kann man heute von einem Menschen wissen?» markiert eine ungeheure Herausforderung, der sich die über 3 000 Seiten dieses Werkes zu stellen versuchen. Dass dies fragmentarisch, unvollständig, unabgeschlossen geblieben ist, ist fast ein Indiz dafür, dass dieses unbestimmbare «Mehr» an Freiheit, das trotz aller Bedingungen, aller Unterdrückungen, allem «Practico-inerten» zum Trotz verbleibt, nie vollständig ausgelotet werden kann.

12.2 Zum Schluss: Wieder die Ethik

Will man Sartres Selbstinterpretation folgen, so ist es seit seinen ersten Veröffentlichungen immer wieder die Frage der Ethik gewesen, die ihn umgetrieben und beschäftigt hat.

Die «positive Moral», von der bereits im letzten Satz von *Die Transzendenz des Ego* die Rede war, die Ankündigung einer Ethik am Ende von *Das Sein und das Nichts*, der Existentialismus-Vortrag, die *Cahiers pour une morale* und schließlich die verstreuten Überlegungen, die Sartre sowohl in der *Kritik der dialektischen Vernunft* als auch in den diversen Schriftstellerbiographien anstellte, zeigen, dass sein Interesse an diesen Fragen unvermindert anhielt. Auch wenn nunmehr, in den siebziger Jahren, die Synthese von Existentialismus und Marxismus einige Erschütterung erfahren hat und auch wenn sich Sartre zu einem – allerdings sehr eigenwillig interpretierten – Anarchismus bekennt und für eine Gesellschaft ohne Macht eintritt, hält ihn die Frage, die sich vornehmlich anlässlich des Problems der revolutionären Gewalt auf moralischer Ebene stellte, weiterhin gefangen. In einem Interview mit Raul Fornet-Betancourt 1979 bemerkt Sartre ausdrücklich, er hätte «nur Bücher geschrieben, in denen es um die Frage der Moral geht» (AM 366).

Sartres Aktivität bleibt trotz des sich seit 1973 rapid verschlechternden Gesundheitszustandes ungebrochen. Vor allem seine Erblindung stellt ihn, der vom Schreiben und Lesen sein Leben lang besessen war, vor große Probleme. In einem Interview mit Michel Contat, veröffentlicht unter dem ein wenig an große Maler erinnernden Titel *Selbstporträt mit siebzig Jahren*, bekennt er: «[M]it meinem Beruf als Schriftsteller ist es vorbei. Das einzige Ziel meines Lebens war das Schreiben. Aufgrund meiner Vergangenheit, meiner Bildung, des Wesens meiner bisherigen Tätigkeit bin ich vor allem ein Mann der Feder, und es ist zu spät, mich zu ändern. Hätte ich das Sehvermögen mit vierzig Jahren verloren, hätte es vielleicht anders sein können.» (SP 180ff.)

Dennoch – mit Hilfe seines letzten Sekretärs Benny Lévy, eines aus einer orientalisch-jüdischen Familie stammenden Flüchtlings und ehemaligen Maoisten, der sich später Pierre Victor nennt – arbeitet er unermüdlich weiter: «Ich schreibe ein Werk, das alles, was ich philosophisch gedacht habe, vollkommen verändern wird und das, so ich es vollenden kann, von *Das Sein und das Nichts* und der *Kritik der dialektischen Vernunft* nichts mehr stehen läßt» (Gespräch mit M. Sicard, in *Obliques*; zit. nach Lévy 2002, 598).

Die Gespräche mit Benny Lévy sollten zu einem Buch führen, das unter dem Titel *Macht und Freiheit* sowohl die «individualistische Moral» der frühen Jahre als auch die realistische Moral seiner marxistischen Periode zugunsten einer ontologischen Moral abzulösen versprach. Davon erscheint – sehr zum Missfallen der «Sartre-Familie» um Simone de Beauvoir – unter dem Titel *Hoffnung jetzt* ein Textauszug im *Nouvel Observateur*, der zu einem heftigen Streit zwischen de Beauvoir und den Getreuen des Kreises von *Les temps modernes* einerseits und Benny Lévy und Sartres Adoptivtochter Arlette Elkaim andererseits führt. Wie auch immer man diesen Text und die übrigen aufgezeichneten Gespräche Sartres mit Benny Lévy beurteilen mag – ob als Manipulation eines bereits hilflosen und seiner nicht mehr ganz mächtigen kranken alten Mannes, als «Gehirnwäsche eines Greises» (Todd 1981, 15; zit. nach Lévy 2002, 601), als einen Protest Sartres gegen seinen ihm von den anderen verordneten symbolischen Tod oder als Leidenschaft für die gegen sich selbst inszenierte Revolte (so B.-H. Lévy 2002, 598): Er deutet jedenfalls eine grundsätzliche Revision des Bezugs zum Anderen, zur Ethik und zum Problem der Gewalt an.

Sartre hatte bereits in den sechziger Jahren hinsichtlich der von ihm angestrebten «positiven Moral» in einem Interview mit Jean Guitton anlässlich der Uraufführung von *Der Teufel und der liebe Gott* eine derartige Konversion angedeutet, die im übrigen auch eine der immer wiederkehrenden Fragen in den *Cahiers pour une morale* darstellt und die die Beziehung zum Anderen auch in der Ethik in den Mittelpunkt rückt: «Schon lange bevor ich den Plan gefaßt hatte, eine Ethik zu schreiben, war ich davon überzeugt, dass die wahre Moral sowie auch die wahre Existenz nur mit dem Du und für das Du begriffen werden kann. Ich glaube einfach, dass ich nun versuchen muß, diese Beziehung zum Du philosophisch und dialektisch zu begründen. Es ist wesentlich, darzulegen, inwiefern diese Beziehung in einer Gesellschaft unmöglich ist, deren wirtschaftliche und politische Struktur schon an sich diese Beziehung verhindert. Das Problem besteht heute darin, daß der Mensch, wie Kant es verlangt, nicht als Mittel, sondern als Zweck betrachtet wird. Darin ist das Ideal der Beziehung zum Du zu erblicken. Diese Beziehung in einer Gesellschaft herzustellen, die immer dazu neigt diese Beziehung zum Du zu verhindern, das ist zugleich ein ethisches und historisches Problem.» (*Opéra* 7. 2. 1961; zit. nach Zehm 1964, 122)

Dieser etwas unvermittelte Vergleich der Kantischen Moral und ihres Reiches der Zweckhaftigkeit mit einer Du-Beziehung, dem Kernstück des dialogischen Philosophierens (wie es von Martin Buber, Ferdinand Ebner, Gabriel Marcel oder Emmanuel Levinas entfaltet wurde), zieht sich durch die *Cahiers pour une morale*, auch wenn Sartre eine sich nur wenig mit Kants Vorstellung vom «Reich der Zwecke» deckende Auffassung vom Zweck vertritt. In den *Cahiers* unterscheidet er zwischen Zwecken, die erst zu schaffen wären, und vorgegebenen Zwecken nach dem Motto: Es genügt, das Gute zu tun, um moralisch zu sein. Problematisch bleiben die ersteren, die der Freiheit und Spontaneität des Einzelnen anheimgestellt sind, und die er mehrfach als Anerkennung der Freiheit des Anderen bezeichnet. Die darin auftauchende Abhängigkeit jedes Einzelnen vom anderen Einzelnen, wie er sie in *Hoffnung jetzt* beschreibt, bedeutet ja nicht eine Beziehung zwischen zwei in sich geschlossenen Entitäten, sondern den Durchbruch zu einem Wir, das impliziert, dass es so etwas wie eine Durchdringung zwischen den Individuen gibt, eine Realität zwischen uns, die auf eine Moral des Wir hindeutet. Abseits der in seinen Überlegungen zur Literatur entwickelten schöpferischen Moral sind es vor allem zwei Grundgedanken, die Sartre in diesem Zusammenhang betont: zunächst die Beziehung zum Anderen und dann eine zumindest mit Normativität verbundene Verpflichtung. In bestimmtem Gegensatz zu dem in der *Kritik der dialektischen Vernunft* entwickelten Ursprung des Bösen in der von moralischen Entscheidungen unabhängigen Grundsituation des Mangels und der Knappheit, aber auch in Beibehaltung dieser «realen» Situation des Menschen, sind jene utopischen Formulierungen zu verstehen, die Sartre in vielen Interviews und in den Gesprächen mit Benny Lévy geäußert hat: die Utopie einer Gesellschaft ohne Macht, oder einer Macht, die sich einzig und allein auf die Objekt-Welt, auf die Dinge beschränkt, eine Gesellschaft, in der mit dem Verschwinden des Mangels auch das objektiv Böse aus der Geschichte verschwinden würde. Damit wäre zwar die Ebene der Moral in Abgehobenheit von konkreten historisch-ökonomischen Bedingungen erreicht, durch die Verankerung in der Freiheit des Subjektes zugleich aber auch jedwede Gesinnungsethik hintangehalten. Es bleibt also letztlich bei einem Festhalten an den objektiven materiellen Bedingungen, die eine Ethik – etwa die des guten Willens – machtlos erscheinen lassen. Wenn Sartre Sittlichkeit dann fast im Sinne einer regulativen Idee – in Nähe zu Kant – postuliert und ihre Verwirklichung in ein ideales Reich verschiebt (in dem eine authentische und freie Beziehung zwischen den Menschen besteht) und das Reich der Zwecke[18] eigentlich in der Vorbereitung desselben erblickt, eröffnen sich damit jedoch die Konturen eines Umdenkens.

«Die Moral muß den Gedanken der Brüderlichkeit so weit ausdehnen, bis er zu einer einzigartigen und offenkundigen Verbindung zwischen allen wird.» (*Nouvel Observateur*.10. 3. 1980; zit. nach Hayman 1988, 674) Dies bedeutet eine Einschränkung der Freiheit des Subjektes, in der der Andere nun nicht mehr als Gegner, auch nicht als «Dritter» erscheint, sondern als Gleicher, zumindest als Träger einer gleichen Intention (vgl. Fornet Betancourt 1983, 369) und damit letztlich als Du. Sartre entdeckt die Dyade, die eines der Grundmuster dialogischen Denkens darstellt, ebenso wie er die Dialogik als jeder Dialektik vorausliegend bezeichnet.

Daraus erklärt sich auch die allerdings nicht näher explizierte Einführung moralischer Begriffe wie Verpflichtung, Transparenz, Vertrauen, Offenheit, ja sogar Liebe. Dazu Sartre selbst: «Transparenz ist ein Synonym für Liebe, sie ist die vollständige bewußte Kenntnis vom Denken und Handeln des Menschen, der an unserer Seite lebt. Die Transparenz impliziert den Kampf gegen jede Macht; das Leben in einer Gemeinschaft, die sexuellen Beziehungen, so wie ich sie ins Auge fasse, all das hat schon mit Moral zu tun, ist Teil einer Moral. Das einzige Ziel, das jeder haben muß, ist der Mensch selbst, was nichts anderes heißt als: der Mensch ist noch nicht Mensch, wir müssen uns ganz langsam in Menschen verwandeln. Der Mensch ist für den Menschen ein absolutes Ziel.» (AM 367f.)

Freilich haftet all diesen Formulierungen weiterhin ein eher appellativer denn ein argumentativer Charakter an. Sartre hat im genannten Interview auch darauf verwiesen, dass vom seinerzeitigen Ideal ontologischer Provenienz nichts übrig blieb. Die Synthese von An-sich-Sein und Für-sich-Sein erachtet er nunmehr als unmögliches Ideal und setzt jetzt auf eine Synthese von Objektivität und Subjektivität, wobei er nunmehr die Objektivität der «Dinge» von der des Menschen geschieden haben will. Dennoch bleibt der weite Weg, den Sartre hier von der Konfliktsituation und ihrer Unaufhebbarkeit in *Das Sein und das Nichts* über die Praxis der *Kritik der dialektischen Vernunft* bis zu einer «Philosophie der Hoffnung» zurückgelegt hat, beachtlich.

Ebenso beachtlich und für viele Kommentatoren rätselhaft ist auch die Entdeckung einer metaphysischen Dimension, die ans Religiöse grenzt. Unter dem Einfluss von Benny Lévy entdeckt Sartre das Judentum und seine messianische Vorstellung: «Das, was fehlte, war die Realität des Juden. Man beachte, daß diese Art der Realität in meiner Philosophie nicht auftauchte ... Revolutionäre wollen eine Gesellschaft, die human und für den Menschen befriedigend ist, aber sie vergessen dabei, daß eine solche Gesellschaft eine Gesellschaft ist, in der die Beziehungen zwischen den Menschen moralisch sind ... Nun, diese Vorstellung von der Ethik als letztem Ziel der Revolution ... läßt sich nur durch eine Art von Messianismus denken.» (*Nouvel Observateur* 10. 3. 1980; zit. nach Hayman 1988, 675)

Bedenkt man die religionskritische Grundhaltung, die Sartres gesamtes Werk durchzieht, bedenkt man den lebenslangen Kampf, den Sartre, um die Freiheit des Menschen zu bekräftigen, gerade gegen die Religion geführt hatte, so müssen diese Äußerungen tatsächlich überraschen. Der Kampf des Menschen um sich selbst ist für Sartre nicht zuletzt immer schon aus der Konsequenz der Abwesenheit Gottes zu verstehen gewesen, und Sartres Atheismus war es auch, der den Menschen als jene «nutzlose Leidenschaft» erscheinen ließ, die auch in ihrer Bekräftigung der Freiheit zum Scheitern verurteilt blieb. Bedeuten dieser Rückgriff auf einen Messianismus, der sozusagen als ein transzendentales «Prinzip Hoffnung» erscheinen könnte, und das aufkeimende Interesse somit für die Bibel und den Talmud, dass Sartre in den letzten Wochen seines Lebens zu einem verkappten Rabbiner geworden ist?

Zum einen stand Sartre immer noch unter dem Eindruck seiner Reise nach Israel, wo er 1978 zu einer Neubelebung der Gespräche zwischen Israelis und Palästinensern beitragen wollte, in Fortsetzung der damaligen Initiative des ägyptischen Präsidenten Sadat. Zudem gibt seine Aussage, dass es für den Philosophen ebensoviel aus der Bibel zu lernen gebe wie von Platon, Hegel oder Husserl, jenen verstreuten Andeutungen zu einer Konversion der Ethik neue Nahrung. Es geht hier nicht um die von Sartre Jahrzehnte zuvor aufgeworfene Frage nach dem Judentum, nicht um Antisemitismus, nicht um das Problem, wie der Jude zum Anderen gemacht wird, um damit des Antisemiten eigene Existenz zu rechtfertigen – dies alles hatte Sartre in den *Betrachtungen zur Judenfrage* gründlich abgehandelt –, sondern um jenen Messianismus, der in der spezifisch jüdischen Tradition eine Gegenposition zum hegelianisch-marxistischen Sinn der Geschichte darzustellen vermag, gegen die darin verkörperte Fortschrittsideologie. Es geht aber auch, wie dies Bernard-Henri Lévy kommentiert, um das Verhältnis von Einzelnem und Gemeinschaft in der Tradition des Judentums und nicht zuletzt um die Frage der Moral, die hier in einem gewandelten Verhältnis zum Anderen kulminiert.

So deuten diese Gespräche, die nicht zufällig unter den Titel *Hoffnung jetzt* gestellt wurden, darauf hin, dass Sartres lebenslängliches Bemühen um eine Moral letztlich wieder in jenen Horizont einmündet, der fern von einer verdeckten Theologie immer wieder darauf zurückkommt, dass der Mensch mehr ist als das Sein, durch das er bestimmt ist, dass er immer über sich hinausweist. Dies gilt dann auch für das nach wie vor ungelöste Problem der Gewalt, das der von Sartre skizzierten «brüderlichen Moral» entgegensteht: «Es ist nicht die Gewalt, die uns einen Sprung nach vorne und der wahren Menschlichkeit näher bringt … Die Welt jedenfalls scheint häßlich, schlecht und hoffnungslos. So sagt die stille Verzweiflung eines alten Mannes, der in ihr sterben wird. Doch ich leiste ihr Widerstand, und ich weiß, daß ich in der Hoffnung sterben werde; diese Hoffnung aber gilt es zu begründen.»[19]

Dass diese Begründung nicht gegeben wurde, dass sie vielleicht auch gar nicht gegeben werden kann, ändert freilich nichts daran, dass sich aus Sartres vorausgegangenen Ansätzen zu einer Ethik kaum eine konsistente ethische Position ableiten lässt. Gleichwohl bedeuten Sartres Hinweise eine ernste Herausforderung für jede normative Ethik, vor allem für eine solche, die moraltheologisch oder mit naturrechtlichen Argumenten Allgemeinverbindlichkeit reklamiert. Sein Diktum von der gleichzeitigen Unabdingbarkeit und Unmöglichkeit der Ethik hat nach wie vor Bestand – gerade angesichts der gesellschaftlichen und vor allem wissenschaftlich-technischen Entwicklungen der letzten Jahre ist eine Prinzipienethik immer problematischer geworden. Sartres Auffassung vom Menschen, der sich auf Grund von gegebenen «Umständen» zu entwerfen und zu machen hat, hat besonders hinsichtlich der Entwicklungen auf dem Gebiet der Gentechnik und der von ihr hervorgerufenen Bioethik eine neue Aktualität erfahren.

Freilich ist auch eine rein situative Ethik, die in die Nähe eines bloßen Dezisionismus führt, kein Ausweg. Sartres Neigung zu einer solchen ist wohl kaum zu leugnen, wobei allerdings sein Plädoyer für die Freiheit des Einzelnen nicht nur einen humanistischen Kern bewahrt, sondern zugleich auch an jene Verantwortung appelliert, die kein Normensystem uns abzunehmen vermag.

Sartres Angriff auf universalistische Normen verweist auf die Unmöglichkeit, gerade jene Fragestellungen mit einem vorgeformten System regulativer Ideen zu lösen, die sich angesichts der technisch ermöglichten Machbarkeit des Menschen ergeben haben. Weder ein konservativer Essentialismus, der unter Berufung auf die Menschenwürde diesen Entwicklungen mit Verbotstafeln begegnet, noch eine Berufung auf eine in der Freiheit liegende Schrankenlosigkeit in Hinblick auf eine Art Autopoeisis des Menschen vermag hier Orientierung zu bieten, ebensowenig wie die Berufung auf Authentizität und Engagement, deren philosophische Begründungsdefizite nach wie vor gegeben sind. So bleibt es letztlich bei jener Bekräftigung der Freiheit, die Sartre in seinem *Selbstporträt mit siebzig Jahren* noch einmal wiederholt: «Entweder geht der Mensch unter – dann wird man nur sagen können: in den zwanzigtausend Jahren, seit es Menschen gibt, haben einige vergeblich versucht, den Menschen zu erschaffen –, oder die Revolution gelingt und erschafft den Menschen, indem sie die Freiheit verwirklicht.» (SüS 241)

Wozu man noch ein persönliches, fast eine Bilanz seines Lebenswerks darstellendes Wort hinzufügen sollte: «Wichtig für mich ist, daß ich getan habe, was zu tun war. Gut oder schlecht, darauf kommt es nicht so an. Hauptsache, ich habe es versucht.» (SüS 194)

III. Sartre heute: Zur Wirkung

Die Wirkungen, die von Sartres Denken ausgingen, lassen sich höchstens fragmentarisch beschreiben. Dieser «Jahrhundertmensch» (Lévy 2002, 19), hat in der Tat fast alle wichtigen Denkströmungen des 20. Jahrhunderts mitgetragen und beeinflusst, von der Phänomenologie und Hermeneutik über die Existenzphilosophie bis hin zum Marxismus, von der Psychoanalyse bis zum Strukturalismus und Postmodernismus.

Dennoch gibt es keine philosophische oder auch literarische Schule Sartres, keine Schüler, die sein Denken fortsetzen, was Sartre im übrigen auch nie gewollt hätte. Es gab im Grunde nur Mitstreiter, im doppelten Sinn des Wortes, Gefolgschaften und Gegner. Dieser «Meisterdenker», der so oft in seinem Lebenswerk Brüche und Konversionen, ja nahezu ein Denken gegen sich selbst inszeniert hatte, hat keinen «Sartrismus» hinterlassen, der auf den Spuren seines Denkens aufbauen könnte. Dazu kommt, dass die Vielfalt seiner schriftstellerischen Aktivitäten und der gewaltige Umfang seines Werkes – man hat errechnet, dass Sartre, statistisch gesehen, jeden Tag an die zwanzig Seiten niederschrieb – ebenso wie sein permanentes öffentliches Auftreten seine Wirkung schwer fassbar machen und gleichsam subkutan erscheinen lassen. Das «komplizierte, paradoxe und dunkle Abenteuer, das den Namen Sartre trägt» (Lévy 2002, 13), ist kaum festzumachen. Überdies ist, wie Thomas Flynn feststellt, «[s]eit seinem Tod 1980 von Sartre mehr veröffentlicht worden als von den meisten Philosophen im Laufe ihres Lebens» (Flynn 1988, 201), und Michael Scriven nennt ihn «almost certainly the most widely studied writer and intellectual of the twentieth century» (Scriven 1999, XI).

Sartres Wirkung kann daher am besten mit Ronald Hayman folgendermaßen beschrieben werden: «Sein Einfluß ist noch immer gewaltig, er läßt sich jedoch nicht analysieren, weil er sich nicht isolieren läßt. In dem Blut, das durch unsere Gehirne fließt, schwimmen noch immer Teilchen von Sartre; seine Ideen, seine Kategorien, seine Formulierungen, seine Denkart berühren uns noch immer. Und noch immer kräuselt sich das Wasser dort, wo er Steinchen hineinwarf.» (Hayman 1988, 681)

Zu Lebzeiten nahezu zu einem Monument, einer Ikone geworden, gelegentlich als «Weltgewissen» bezeichnet, in seinem unermüdlichen Engagement für die Freiheit, für die Schaffung einer politischen, kulturellen und lebensweltlichen Situation, in der die Freiheit bestmöglich gedeihen könnte, hat Sartre schon im Laufe seines Lebens alles erfahren: begeisterte Zustimmung und weltweite Wirkung sowie auch erbitterte Ablehnung, Schweigen und Stille.

In der Rezeption kann man Sartrismus von der Sartrologie unterscheiden, unter ersterem sind jene Ansätze Sartreschen Denkens zu verstehen, die sich in einer nahezu unübersichtlichen und auch unnachvollziehbaren Weise in der Philosophie, der Literaturwissenschaft, der Romanistik und den sogenannten «Kulturwissenschaften» niedergeschlagen haben. Zweitere besteht in jener Sartreforschung, die sich der Erhellung und Interpretation der Werke Sartres gewidmet hat, eine Sartreforschung, die allerdings immer am Rande der Gefahr steht, sowohl eine Art von Denkmalpflege zu betreiben als auch einer extremen Spezialisierung zu unterliegen und damit einen eher kleinen Garten zu bestellen.

Die Anzahl der Publikationen über Sartre ist vor allem nach seinem Tod sprunghaft angestiegen – bereits 1981 zählte man über 10000 Arbeiten über ihn. Auch die Zahl der internationalen Kolloquien, die seither veranstaltet werden, wächst von Jahr zu Jahr, wobei aus der Fülle der weltweiten Beschäftigung mit Sartre nur der französische, angloamerikanische und deutschsprachige Raum herausgegriffen werden soll: In Frankreich ist hier die Groupe d'études Sartriennes zu nennen, die auch ein *Bulletin d'études Sartriennes* herausgibt, der Fonds Sartre der Pariser Nationalbibliothek und eine Arbeitsgruppe des C.N.R.S. In England gibt es die UK Society for Sartrien Studies, die gemeinsam mit der amerikanischen Sartre-Gesellschaft, der North American Sartre Society, seit 1995 das *Journal Sartre Studies International* herausgibt. In Deutschland war es vor allem der Aktivität des deutschen Neuübersetzers der Gesamtwerke, Traugott König, zu verdanken, dass nach dem Sartrekongress von 1988 eine Wiederbesinnung auf Sartres eingeleitet wurde, die unter anderem 1993 zur Gründung einer deutschen Sartre-Gesellschaft geführt hat.

Angesichts der unüberschaubaren Fülle von Arbeiten über Sartre können hier nur einzelne – subjektiv ausgewählte – Schwerpunkte der unmittelbaren Sartrerezeption beleuchtet werden. Denn diese folgt insgesamt natürlich den verschiedenen Akzenten, Wandlungen und Brüchen, die das Werk Sartres aufweist. Im großen und ganzen lassen sich dabei weltweit folgende Interpretationswellen unterscheiden: Zunächst die Wirkung, die von Sartres Existentialismus nach dem Zweiten Weltkrieg ausging. Hier war es vor allem die philosophische und allgemein kulturelle Provokation, die diese Denkrichtung auslöste. In Frankreich erfolgte sowohl von traditionell-konservativer, meist christlicher, als auch von marxistischer Seite eine heftige Diskussion, die sich einerseits in oberflächlichen, eher feuilletonistischen Reaktionen niederschlug, andererseits wie etwa bei Gabriel Marcel oder Emmanuel Mounier, dem Hauptvertreter des Personalismus, auf eine ernsthafte, wenn auch ablehnende Rezeption stieß. Ähnlich waren die Reaktionen im deutschen Sprachraum. Selbst Martin Heidegger setzte sich in seinem *Brief über den Humanismus* (1946) entschieden von Sartre ab, dem er eine Verkennung der Seinsfrage vorwirft. Die Beschäftigung mit Sartre – meist in ablehnend-kritischer Weise – erfolgte primär aus einer konservativ-christlichen Perspektive (Leo Gabriel, Joseph Möller, Hans-Rudolf Müller-Schwefe, Egon Vietta, etwas später Gotthold Hasenhüttl, um nur einige zu nennen) oder aus einem der Heidegger-schen Philosophie nahestehenden Kontext (Max Müller, Otto Friedrich, Bollnow, Walter Biemel), wenn nicht überhaupt Sartres Philosophie als eine Art Modeerscheinung abgetan wurde. Dazu kommt, dass in dieser Zeit zwischen einer Rezeption durch die Philosophie einerseits und durch die Literaturwissenschaft andererseits wenig Durchlässigkeit bestand. Überdies war Sartre im deutschen Sprachraum in diesen Jahren seines Ruhmes vor allem durch seine Theaterstücke populär geworden, die in den Nachkriegsjahren in Deutschland von den renommiertesten Bühnen aufgeführt und von Regisseuren wie Gustaf Gründgens oder Jürgen Fehling inszeniert wurden.

Gerade auf dieser Ebene aber entstanden zahlreiche Missverständnisse: So wurde Sartres eher konventionelle Literatur und Dramatik in den sogenannten Absurdismus eingereiht, in das Theater und die Literatur von Eugène Ionesco, Samuel Beckett oder auch Albert Camus. Letzterer wiederum wurde trotz seiner entschiedenen Ablehnung ebenfalls dem Existentialismus zugerechnet.

Dieser sehr bewegten Phase der deutschsprachigen Sartre-Rezeption, die im englischen Sprachraum im Grunde genommen nicht sehr viel anders verlief – hier bestand freilich seit Jahrzehnten ein Vorrang der analytischen, sprachkritisch ausgerichteten Philosophie, für die Sartre als Metaphysiker und damit als uninteressant galt –, folgte eher eine Ratlosigkeit bezüglich der Wandlungen Sartres in den fünfziger Jahren. Sowohl seine immer deutlicher werdende Hinwendung zum Marxismus, wie auch das Programm seiner «littérature engagée» sind im Grunde genommen nur sehr undifferenziert wahrgenommen worden.

In Deutschland war inzwischen die intellektuelle Szene von der «Kritischen Theorie» besetzt worden, deren Vertreter, vor allem Theodor W. Adorno, dem Existentialismus Sartrescher Prägung eher ablehnend gegenüberstanden. Adorno, dessen Hauptangriffe sich gegen Heidegger richteten, hatte im Grunde für Sartre nur Fußnoten übrig. Er sieht den Ausgang Sartres von der Individualität grundsätzlich als falsch an, weil es in der verwalteten Welt, in der Welt der Verdinglichung, «kein Wahres mehr gibt» (Adorno 1951, 42), so dass das Festhalten an einer freien Subjektivität aus seiner Sicht in die Irre führen muß. Etwas differenzierter urteilt Herbert Marcuse, wenn er Sartre auf der einen Seite zubilligt, das Scheitern als eine Grunderfahrung unserer Zeit dargestellt zu haben, auf der anderen Seite aber Sartres Konzept der Freiheit unter dem Vorzeichen der bürgerlichen «Ideologie der freien Konkurrenz, der freien Initiative und der für jeden gleichen Chancen» als überholt ansieht (Marcuse 1965, 66). Etwas milder fällt das Urteil Marcuses anlässlich Sartres marxistischer Phase aus, weil hier die Einbeziehung der Dialektik und der Politik ebenso gerühmt wird wie Sartres Apotheose des Revolutionärs.

Seltsam ist die relativ geringe Rezeption, die Sartres *Kritik der dialektischen Vernunft* widerfuhr. Die Behauptung, dieses Buch wäre zum «Kultbuch der studentischen Protestbewegung der 60er Jahre» geworden (Lesch 1989, 18), lässt sich kaum belegen. So formuliert etwa Christa Hackenesch: «Als die *Kritik der dialektischen Vernunft* erscheint, ist es merkwürdig still um dieses Buch eines ‹Berühmten›. Natürlich wird es wahrgenommen, aber in einer Verhaltenheit, die anzeigt, dass Sartre, der seit dem Ende des Krieges fraglos die Avantgarde der philosophischen Diskussion repräsentierte, diese Position zu verlieren beginnt.» (Hackenesch 2001, 107) Im deutschsprachigen Raum sind immerhin einige nicht unwesentliche Arbeiten dazu erschienen.[20]

Inzwischen ist in Frankreich der Strukturalismus, vertreten durch Claude Lévi-Strauss, Michel Foucault und Roland Barthes auf den Plan getreten. Er gewinnt in den sechziger Jahren zunehmend an Einfluss und macht Sartre in seiner Führungsrolle entscheidende Konkurrenz. Eine neue Phase der Sartre-Rezeption beginnt. Sie ist geprägt von einer heftigen Auseinandersetzung: Während Sartre das Subjekt verteidigt, bestehen die Strukturalisten auf dem Vorrang der Struktur. Die von Lévi-Strauss und Foucault vorgetragenen Angriffe gegen den Primat der Subjektivität werden von Sartre zurückwiesen, indem er unter anderem auf dem Menschen als Subjekt-Objekt gegenüber der Verobjektivierung durch eine strukturale Anthropologie beharrt. Ähnlich argumentiert er gegenüber der These vom Verschwinden des Menschen bei Foucault. Immerhin respektiert Foucault, wenn auch in doppelbödiger Weise, den sich politisch engagierenden Sartre: «Sartre ist ein Philosoph im modernsten Sinn des Wortes, da sich für ihn die Philosophie wesentlich auf eine Form der politischen Aktivität reduziert.» (Foucault 1976, 21) Freilich hat Foucault ebenso wie Lévi-Strauss nie aufgehört, in Sartre einen Repräsentanten jener aus der Tradition der Metaphysik stammenden «Philosophie des Menschen» zu sehen, deren «Humanismus» längst überwunden sei. Für Sartre wiederum bleiben die Strukturalisten letztlich verkappte Positivisten. Diese Kontroverse wurde in Frankreich und mit einiger Verspätung auch im deutschsprachigen Raum aufgegriffen, wobei sich die diesbezügliche Rezeption mit jener der Marxismusdeutung Sartres sehr oft verwob.

Sie bildet derzeit immer noch einen der markantesten Punkte einer Beschäftigung mit Sartre und gibt Anlass zu einer neuen Lesart auch früherer Texte Sartres (vgl. dazu z. B. Vogt 1995; König 1980 und 1988; Zimmermann 1989; Flynn 1997; Fourny u. Minahen 1997).

Eine der nächsten Rezeptionsphasen ist die Mairevolution von 1968. Trotz Sartres starkem Engagement wäre es jedoch übertrieben, ihn als «geistigen Vater» dieser Bewegung zu sehen (vgl. dazu Cohen-Solal 1988, bes. 690 ff.). Dieses Engagement rief nun Reaktionen hervor, die von einer begeisterten Zustimmung bis zu einer ebenso emotionalen Ablehnung reichten, vor allem in Frankreich und Deutschland. Zu nennen ist auch das in den USA erneut erwachte Interesse an Sartre (vgl. dazu z. B. Fourny 1997).

Sartres Spätwerk, vor allem der *Idiot der Familie*, hat dem inzwischen entstandenen Diskurs der Postmoderne, der Problematik des

Dekonstruktivismus neue Impulse gegeben. Vom «old-fashioned author» (Fourny 1997, 2), der auf dem Kulturmarkt den Strukturalisten und Neostrukturalisten, der einem Derrida, Lacan oder Foucault Platz gemacht hatte, ist Sartre in den siebziger Jahren zu einem Rezeptionsschub gelangt, der im Grunde genommen bis heute andauert. Auch wenn der politische Sartre, ganz gegen seinen eigenen Wunsch,[21] heute vielfach als historische Figur erscheint, so ist doch die Neuentdeckung Sartres als eines wichtigen Gesprächspartners im postmodernen Diskurs unübersehbar. Sie betrifft beides: Sartres Infragestellung der Moderne und zugleich seine Position als eines der vielleicht letzten Vertreter der Moderne. Sie bezieht sich auch nicht allein auf Probleme semiotischer oder literaturtheoretischer Art oder auf die Stellung des Subjektes, sondern ist ebenso auf die Transformation der Philosophie gerichtet wie auf die in unserer Lebenswelt auftauchenden Wertorientierungen, auf politische und gesellschaftliche Institutionen ebenso wie auf die Rolle der Literatur und Kunst.

Die von Sartre mit angezielte Individualhermeneutik, wie sie vor allem von Manfred Frank (1986) betont wurde, stellt ein noch offenes Forschungsgebiet dar, ebenso seine Mobilisierung gegen die Toterklärung des Individuums und des Subjektes im postmodernen Kontext. Hier wären vor allem die Arbeiten von Jean-François Fourny und Charles Minahen (1997), von Hugh Silverman und Frederick Elliston (1980) sowie von Thomas Flynn (1988) zu nennen, die die Bedeutung Sartres innerhalb des Diskussionsprozesses zum Dekonstruktivismus in den Mittelpunkt stellen. Aber auch Sartres existentielle Psychoanalyse ist aufgegriffen und weitergeführt worden, über Michel Foucault und Jacques Lacan bis hin zu Ronald Laing oder der Schule der Daseinsanalyse, wie sie im Anschluß an Heidegger von Ludwig Binswanger und Medard Boss entwickelt worden war.

Dass ein zunehmendes Interesse von seiten der akademischen Philosophie vor allem an Fragestellungen der ästhetischen und literaturtheoretischen Aspekte seines Werkes besteht,[22] ist freilich nicht als Verzicht auf jene zentralen Fragestellungen zu verstehen, die Sartre in den langen Wegen und Umwegen seines Werkes aufgeworfen hat und die sich durch alle Wandlungen hindurch immer noch als aktuell erweisen: Es sind dies die nahezu uralten und zugleich immer neuen Fragen der Philosophie nach dem Menschen, seinem Sein und seinen endlichen Möglichkeiten, sich darin seinen eigenen, aus Freiheit geborenen Weg zu bahnen.

Sartre bleibt weiterhin zu entdecken. Er ist weder auf den Vorwort-verfasser[23] noch auf «einen der großartigsten Biographen, die es jemals gegeben hat» (Macho 1995, 45) zu reduzieren. Ebensowenig wird er sich einfach so abtun lassen, wie dies Jacques Derrida in einem Inter-view 1983 getan hat: «Was für eine Gesellschaft muß die unsrige sein, damit ein Mann [Sartre, P. K.], der auf seine Art derartig viele theoreti-sche und literarische Ereignisse seiner Zeit – kurz gesagt, die Psycho-analyse, den Marxismus, den Strukturalismus, Joyce, Artaud, Bataille, Blanchot – entweder abgelehnt oder mißverstanden hat, der über Heidegger und manchmal auch über Husserl den unglaublichsten Un-sinn wiederholt oder verbreitet hat, derart die kulturelle Szene domi-nieren und sogar zu einer Berühmtheit werden kann?» (*Le Nouvel Observateur*, 9. September 1983, 86; zit. nach Rossum 1990, 7) Denn inzwischen, so scheint es, taucht das vielgeschmähte Subjekt wieder auf, hat sich das nichtendenwollende Beerdigen des Individuums tot-zulaufen begonnen.

Vielleicht ist es tatsächlich weniger die literarische oder philosophi-sche Originalität oder die voluminöse Quantität seines vielschichtigen Werkes, die Sartre lebendig erhält, sondern seine – oft überzogenen ja manchmal ans Lächerliche grenzenden – Stellungnahmen, gegen-über der Ungerechtigkeit, gegenüber der Macht und ihren Institutio-nen, gegen das, was die Verdinglichung oder Instrumentalisierung des Menschen genannt wird.

Das Wort Freiheit, das nie aus Sartres Vokabular verschwunden ist, bleibt ebenso wie das Insistieren auf einer konkreten Moral und Politik für den Menschen etwas, das auch dann noch eine Beschäftigung mit Sartre lohnen wird, wenn auf dem philosophischen Meinungsmarkt nach Moderne und Postmoderne ein neues Produkt angeboten wird.

1. Anmerkungen

1 Simone de Beauvoir hat in ihrem Roman *Alle Menschen sind sterblich* aufbauend auf dieser These die Endlichkeit von der Unsterblichkeit getrennt.

2 In seiner Kritik an Heideggers Mitsein und Mitdasein hatte Sartre, der zunächst den ontologischen Charakter der Analysen Heideggers begrüßt – das Für-Andere-Sein ebenso wie das Sein des Anderen sind ja Seinsmodi des Daseins –, gegenüber Heideggers Auffassung vom Mitsein als einem Existential des Daseins und dem daraus erfahrbaren Mitdasein die Begegnung des Anderen ins Treffen geführt. Heideggers Mitsein entspräche darum eher dem «Wir» einer Mannschaft, etwa beim Sport (vgl. dazu SN 443 ff.).

3 Während einige Interpreten wie z. B. Jürgen Hengelbrock (1989) oder Gotthold Hasenhüttl (1972), Joseph Möller (1959) etc. der Gottesfrage und dem Atheismus bei Sartre große Bedeutung zuerkennen, stellen andere wie z. B. Walter Biemel (1964), Arthur Danto (1990), Helmut Fahrenbach (1970), Klaus Hartmann (1966), Michael Theunissen (1965) oder jüngst Bernard-Henri Lévy (2002) diese Frage nicht in den Mittelpunkt des Sartreschen Gesamtwerkes.

4 In EH gibt Sartre anlässlich des Entscheidungsdilemmas eines früheren Schülers, seiner kranken Mutter beizustehen oder in die Resistance einzutreten oder, anders formuliert, zwischen einer Moral der individuellen Hingabe oder einer weiter gespannten allgemeinen Moral die Antwort: «Sie sind frei, wählen Sie, das heißt, erfinden Sie. Keinerlei allgemeine Moral kann Ihnen einen Hinweis geben, was zu tun ist.» (EH 128)

5 «Le propos de l'art est de présenter le monde que nous voyons comme produit d'une liberté.» (C 568) Übersetzungen aus den *Cahiers* v. P. K.

6 «C'est en ce sens qu'à son origine l'art est théologique.» (C 568)

7 Auf der Basis der Sartreschen Ontologie hat Simone de Beauvoir in ihrem 1947 erschienenen Buch *Für eine Moral der Doppelsinnigkeit* (ambiguïté) versucht, eine Art existentialistische Moral zu konzipieren. Sie streicht ebenso wie Sartre die grundsätzliche Bedeutung der Freiheit und des Wählenmüssens heraus, konzediert aber, dass wir in dieser Wahl niemals unsere eigene Identität im Sinne einer Selbstübereinstimmung erreichen können. Sie akzentuiert stärker als Sartre den Zusam-

menhang von Freiheit und Befreiung, den sie bereits anlässlich der Seinsenthüllung und auch anlässlich der Beziehung zum Anderen auf-blitzen sieht. Allerdings bleibt der Weg wiederum vornehmlich der einer Befreiung zur eigenen Freiheit und der Überstieg zu einer sozialen Dimension argumentativ fragwürdig. Immerhin macht de Beauvoir darauf aufmerksam, dass die Verwirklichung von Freiheit in jene Dimension der Zukunft hineinragt, die wesenhaft von den Anderen mitbestimmt wird. Insofern formuliert sie zumindest das Problem der Unterdrückung und damit des Verdinglichens oder Objektivierens schärfer, als dies Sartre auf ontologischer Ebene darstellen konnte. Für de Beauvoir ist die Freiheit nicht bloß Fundament einer allfälligen «existentialistischen Moral», sondern das anzustrebende Ziel: «Die Freiheit wird niemals etwas Gegebenes sein, sondern muss stets errungen werden.» (Beauvoir 1989, 161) Vgl. zu diesen Fragestellungen bei de Beauvoir Susanne Moser 2002.

8 Vgl. dazu besonders König 1988; Vogt 1995; Silverman u. Elliston 1980; Frank 1986.

9 Henri Martin war ein französischer Marinesoldat, der wegen seines Engagements gegen den Indochinakrieg ins Gefängnis kam. Sartre reichte an den damaligen französischen Staatspräsidenten ein Gnadengesuch ein.

10 Vgl. dazu Lévy 2002, Haymann 1988 und Cohen-Solal 1988.

11 *Un théâtre des situations*, Paris 1973, 274; zit. nach Lesch 1989, 256; übers. v. P. K.

12 Das Drama spielt in der Anarchisten- und Terroristenszene des zaristischen Russland und stellt sich dem Problem der gleichzeitigen Unvermeidlichkeit und Ungerechtfertigtheit des politischen Mordes. Im Grunde geht es um die uralte Frage, ob der Zweck die Mittel heiligen könne. Camus' Antwort ist eindeutig: Es gibt keine zukünftige Gerechtigkeit, die den Terror rechtfertigen kann. Wenn dieser als Attentat auf einen Großfürsten unvermeidlich erscheint, so muss er, um den vom «l'homme revolté» entdeckten Werten zu entsprechen, notfalls mit dem eigenen Leben gesühnt werden. Der Attentäter, der das Attentat zunächst auch zurückstellt, weil sich Kinder in der Kutsche des Großfürsten befinden, stellt sich darum und weist jede Begnadigung zurück.

13 Vgl. dazu Lévy 2002, bes. 391 ff.; Cohen-Solal 1988, 514 ff.; Hayman 1988, 437 ff.; Todd 1999, 532 ff.

14 In einem Interview hat Sartre, angesprochen auf die Kompliziertheit der Sprache und die Schwerfälligkeit des Buches insgesamt, formuliert: «Ein dialektisches Denken ist zunächst in ein und derselben Bewegung die Untersuchung einer Realität, insofern sie Teil eines Ganzen ist, inso-

fern sie dieses Ganze negiert, insofern dieses Ganze sie umgreift, bedingt und negiert; insofern sie folglich gegenüber dem Ganzen negativ und positiv ist, insofern ihre Bewegung gegenüber dem Ganzen eine zerstörende und aufhebende sein muß; insofern sie Beziehungen zu jedem der Teile der Gesamtheit des Ganzen hat, von denen jeder gleichzeitig eine Negation des Ganzen ist und das Ganze in sich begreift; insofern die Gesamtheit oder die Summe dieser Teile zu einem gegebenen Moment den Teil negiert, den wir betrachten, insofern dieser Teil sie negiert. Wie sollte man das anders als in Sätzen von 15 bis 20 Zeilen ausdrücken.» (Zit. nach Traugott König, Nachwort zu KV, 871 f.) Sartre hat bekanntlich die *Kritik der dialektischen Vernunft* unter Konsumation gewaltiger Mengen Aufputschmittel und unter Aufbietung aller seiner Kräfte innerhalb weniger Jahre geschrieben.

15 Natürlich lässt sich gegen diese Wechselseitigkeit und den Versuch, die Freiheit des Einzelnen mit der der Gruppe zu versöhnen, mancherlei einwenden. Auf den grundlegenden Einwand von Klaus Hartmann sei in diesem Zusammenhang nur kurz verwiesen. Hartmann konstatiert hier erneut eine Spannung zwischen der ontologischen und der transzendentaldialektischen Ebene, die letztlich unaufgelöst bleibt: Einerseits ist die Gruppe ontologisch durch Ereignishaftigkeit gekennzeichnet, andererseits weist sie eine transzendentale Struktur auf, oder mit Hartmann: «Wir stehen vor einem *Dilemma*: ein *kategoriales Verständnis* überspielt die Existenz des Prinzips der Praxis in den Einzelnen; eine *Strukturbeschreibung* läßt die Einzelnen gerade als seiende Einzelne intakt und mag so Bedingungen der Gemeinschaft aufzeigen, läßt aber die Gemeinschaft nicht verstehen; die Betonung des Ereignishaften der Gruppe als Aktion schließlich legt den Akzent auf das zur Struktur hinzukommende Kontingente, ist aber als solches nicht Gegenstand des Verstehens.» (Hartmann 1966, 142)

16 Diese Auffassung wird auch im allgemeinen in der einschlägigen Literatur vertreten, vgl. dazu Hartmann 1966; Krosigk 1969; Dressler 1969; Waldenfels 1987. Dass die aus dem Umfeld des Marxismus stammende Kritik ebenfalls in diese Kerbe schlägt, ist nicht weiter verwunderlich.

17 Vgl. zu Sartres Freud-Rezeption König 1980 und Wannicke 1990. Interessant ist in diesem Zusammenahng auch die etwa von Manfred Frank (1980) herausgearbeitete Beziehung zur Psychoanalyse Jacques Lacans (vgl. dazu auch Lesch 1989, 277ff.).

18 Sartre teilt hier offenbar die Auffassung Kants, der unter dem Reich der Zwecke die «systematische Verbindung verschiedener vernünftiger Wesen durch gemeinschaftliche Gesetze» versteht, eine Gesellschaft, «in der von allem Inhalt der Privatzwecke abstrahiert wird ... und jedes derselben sich selbst und alle anderen niemals bloß als Mittel, sondern

jederzeit als Zweck an sich selbst behandeln solle» (Kant, *Grundlegung zur Metaphysik der Sitten*, BA 75).

19 «Ich sterbe in Hoffnung. Gespräche mit Sartre», *Frankfurter Allgemeine Zeitung*, 15. April 1980; zit. nach Michelini 1981, 314.

20 So z.B. Hartmann 1966; Zehm 1964; Schaff 1964; Krosigk 1969; Kampits 1975; Haug 1966; Fornet Betancourt 1983.

21 «Die *Situationen* sind historisch und politisch. Von ihnen würde ich gerne sehen, daß sie blieben, daß man sie läse.» (SP 196)

22 Vgl. dazu neben den bereits in der Auseinandersetzung mit dem Dekonstruktivismus genannten Arbeiten vor allem König 1980, Wannicke 1990, Lesch 1989, Frank 1986 und Vogt 1995.

23 «Im Lexikon wird man später den Eintrag finden: SARTRE, Jean-Paul, berühmter Vorwortverfasser aus dem zwanzigsten Jahrhundert.» (Cohen-Solal 1988, 484)

2. Literaturverzeichnis

Werke Sartres

Die gesammelten Werke sind im Rahmen folgender Reihe im Rowohlt Verlag erschienen: Jean-Paul Sartre. *Gesammelte Werke in Einzelausgaben.* In Zusammenarbeit mit dem Autor und Arlette Elkaim-Sartre begründet von Traugott König, herausgegeben von Vincent von Wroblewsky. Reinbek bei Hamburg. Soweit nicht anders vermerkt, wurden die hier zitierten Werke aus dieser Ausgabe verwendet.

Philosophische Schriften

Der Existentialismus ist ein Humanismus. Übers. v. Vincent von Wroblewsky. Philosophische Schriften 4. 1994.

Das Sein und das Nichts. Übers. v. Hans Schöneberg u. Traugott König. Philosophische Schriften 3. 1993.

Kritik der dialektischen Vernunft. Theorie der gesellschaftlichen Praxis. Übers. v. Traugott König. Philosophische Schriften 6. 1967.

Marxismus und Existentialismus. Versuch einer Methodik. Übers. v. Herbert Schmitt. 1964.

Das Imaginäre. Phänomenologische Psychologie der Einbildungskraft. Übers. v. Hans Schöneberg. Philosophische Schriften 2. 1994.

Die Transzendenz des Ego. Übers. v. Uli Aumüller, Traugott König u. Bernd Schuppener. Philosophische Schriften 1. 1982.

Eine fundamentale Idee der Phänomenologie Husserls: Die Intentionalität. Übers. v. Uli Aumüller, Traugott König u. Bernd Schuppener. Philosophische Schriften 1. 1982.

Skizze einer Theorie der Emotionen. Übers. v. Uli Aumüller, Traugott König u. Bernd Schuppener. Philosophische Schriften 1. 1982.

Materialismus und Revolution. Übers. v. Vincent von Wroblewsky. Philosophische Schriften 4. 1994.

Cahiers pour une morale. Paris 1983.

Autobiographische Schriften

Freundschaft und Widersprüche. Über Merleau-Ponty. Übers. v. Hans-Heinz Holz. Autobiographische Schriften 2. 1977.

«Wir müssen unsere eigenen Werte schaffen». Ein Playboy-Interview über

philosophische und literarische Fragen. Übers. v. Annette Lallemand. Autobiographische Schriften 2. 1977.

Sartre über Sartre. Übers. v. Leonhard Alfes. Autobiographische Schriften 2. 1977.

Selbstporträt mit siebzig Jahren. Übers. v. Peter Aschner. Autobiographische Schriften 2. 1977.

Die Wörter. Übers. v. Hans Mayer. Autobiographische Schriften 1. 1988.

Schriften zur Literatur

Was ist Literatur? Übers. v. Hans Georg Brenner. Reinbek bei Hamburg 1958.

Der Idiot der Familie. Gustave Flaubert 1821 bis 1857. 5 Bde. Übers. v. Traugott König. Schriften zur Literatur 7–11. 1977–1980.

Baudelaire. Ein Essay. Übers. v. Beate Möhring. Hamburg 1953.

Saint Genet, Komödiant und Märtyrer. Übers. v. Ursula Dörrenbacher. Schriften zur Literatur 4. 1982.

Politische Schriften

«Vorwort [zu Frantz Fanon]». In: Frantz Fanon: *Die Verdammten dieser Erde.* Übers. v. Traugott König. Frankfurt 1966.

Krieg im Frieden 1. Artikel, Aufrufe, Pamphlete 1948–1954. Übers. v. Eva Moldenhauer. Politische Schriften 3,1. 1982.

Der Intellektuelle und die Revolution. Übers. v. Irma Reblitz. Neuwied u. Berlin 1971.

Romane

Der Ekel. Übers. v. Heinrich Wallfisch. Reinbek bei Hamburg 1963.

Zeit der Reife. Übers. v. Georg Brenner. Reinbek bei Hamburg 1961.

Die schmutzigen Hände. Übers. v. Eva Rechel-Mertens. Reinbek bei Hamburg 1961.

Der Teufel und der liebe Gott. Übers. v. Eva Rechel-Mertens. Hamburg 1951.

Sonstige Literatur

Adorno, Theodor W.: *Minimalia Moralia. Reflexionen aus dem beschädigten Leben.* Frankfurt 1951.

Aron, Raymond: *Memoires.* Paris 1983.

Beauvoir, Simone de: *Die Zeremonie des Abschieds.* Übers. v. Uli Aumüller und Eva Moldenhauer. Reinbek bei Hamburg 1983.

–: «Für eine Moral der Doppelsinnigkeit». In: *Soll man de Sade verbrennen? Drei Essays zur Moral des Existentialismus*. Reinbek bei Hamburg 1989.

–: *Alle Menschen sind sterblich*. Übers. v. Eva Rechel-Mertens. Reinbek bei Hamburg 1990.

Biemel, Walter: *Sartre*. Reinbek bei Hamburg 1964.

Camus, Albert: «Brief an den Herausgeber der ‹Temps Modernes› ». In: Jean-Paul Sartre: *Krieg im Frieden 2. Reden, Polemiken, Stellungnahmen 1952–1956*. Politische Schriften Bd. 3,2. Reinbek bei Hamburg 1982, 7–26.

–: *Der Mensch in der Revolte*. Reinbek bei Hamburg 2001.

Cohen- Solal, Annie: *Sartre 1905–1980*. Übers. von Eva Groepler. Reinbek bei Hamburg 1988.

Danto, Arthur C.: *Jean-Paul Sartre*. Übers. v. Ulrich Enzensberger. München 1990.

Dornberg, Martin: *Gewalt und Subjekt. Eine kritische Untersuchung zum Subjektbegriff in der Philosophie J.-P. Sartres*. Würzburg 1989.

Dressler, Wilhelm: *Existenz und Arbeit*. Univ. Diss. München 1969.

Eicher, Peter: «Die Konsequenz von Gottes Menschlichkeit. Zum Problem eines christlichen Humanismus». In: *Concilium* 18 (1982), 287–298.

Fahrenbach, Helmut: *Existenzphilosophie und Ethik*. Frankfurt 1970.

Fanon, Frantz: *Die Verdammten dieser Erde*. Übers. v. Traugott König. Frankfurt 1966.

Flynn, Thomas R.: «Skizze einer Theorie der Geschichte». Übers. v. Manfred Momberger. In: Traugott König (Hg.): *Sartre. Ein Kongreß*. Reinbek bei Hamburg 1988, 201–225.

–: *Sartre, Foucault, and Historical Reason*. Chicago u. London 1997.

Fornet Betancourt, Raúl: *Philosophie der Befreiung*. Frankfurt 1983.

Foucault, Michel: *Überwachen und Strafen*. Frankfurt 1976.

Fourny, Jean-François: «Introduction: From a Post-imperial Point of View». In: Jean-François Fourny u. Charles D. Minahen (Hg.): Situating Sartre in Twentieth-Century Thought a. Culture. New York 1997, 1–10.

Frank, Manfred: «Das Individuum in der Rolle des Idioten. Die hermeneutische Konzeption des *Flaubert*». In: Traugott König (Hg.): *Sartres Flaubert lesen. Essays zu «Der Idiot der Familie»*. Reinbek bei Hamburg 1980, 84–108.

–: *Die Unhintergehbarkeit von Individualität. Reflexionen über Subjekt, Person und Individuum aus Anlaß ihrer ‹postmodernen› Toterklärung*. Frankfurt 1986.

Hackenesch, Christa: *Jean-Paul Sartre*. Reinbek bei Hamburg 2001.

Hartmann, Klaus: *Grundzüge der Ontologie Sartres in ihrem Verhältnis zu Hegels Logik. Eine Untersuchung zu «L'Être et le Néant»*. Berlin 1963.

–: *Sartres Sozialphilosophie. Eine Untersuchung zur «Critique de la Raison Dialectique».* Berlin 1966.

Hasenhüttl, Gotthold: *Gott ohne Gott. Ein Dialog mit Jean-Paul Sartre.* Graz, Wien u. Köln 1972.

Haug, Fritz: *Jean-Paul Sartre und die Konstruktion des Absurden.* Frankfurt 1966.

Hayman, Ronald: *Jean-Paul Sartre. Leben und Werk.* Übers. v. Bernd Lenz und Sonja Hauser. München 1988.

Hegel, Georg Wilhelm Friedrich: *Grundlinien der Philosophie des Rechts.* Werke 7. Frankfurt 1970.

Heidegger, Martin: *Sein und Zeit.* Tübingen 1993.

–: «Brief über den ›Humanismus‹». In: Ders.: *Wegmarken.* Frankfurt 1967, 145–194.

Hengelbrock, Jürgen: *Jean-Paul Sartre: Freiheit als Notwendigkeit. Einführung in das philosophische Werk.* Freiburg u. München 1989.

Hunyadi, Mark: «Sartres Entwürfe zu einer unmöglichen Moral». Übers. v. Irene Albers. In: Traugott König (Hg.): *Sartre. Ein Kongreß.* Reinbek bei Hamburg 1988, 84–92.

Kampits, Peter: *Sartre und die Frage nach dem Anderen. Eine sozialontologische Untersuchung.* Wien u. München 1975.

König, Traugott (Hg.): *Sartres Flaubert lesen. Essays zu «Der Idiot der Familie».* Reinbek bei Hamburg 1980.

–: *Sartre. Ein Kongreß.* Reinbek bei Hamburg 1988.

Krosigk, Friedrich von: *Philosophie und politische Aktion bei Jean-Paul Sartre.* München 1969.

Lesch, Walter: *Imagination und Moral. Interferenzen von Ästhetik, Ethik und Religionskritik in Sartres Literaturverständnis.* Würzburg 1989.

Lévy, Bernard-Henri: *Sartre. Der Philosoph des 20. Jahrhunderts.* Übers. v. Petra Willim. München u. Wien 2002.

Macho, Thomas H.: «Über Sartre». In: *Sartre.* Ausgewählt und vorgestellt von Thomas H. Macho. Hg. v. Peter Sloterdijk (Philosophie Jetzt!). Wien 1995, 11–58.

Marcel, Gabriel: *Sein und Haben.* Paderborn 1954.

Marcuse, Herbert: «Existentialismus. Bemerkungen zu Jean-Paul Sartres ‹L'être et le néant›». In: Ders.: *Kultur und Gesellschaft.* Bd. 2. Frankfurt 1965, 49–84.

Merleau-Ponty, Maurice: *Die Abenteuer der Dialektik.* Übers. v. Alfred Schmidt u. Herbert Schmitt. Frankfurt 1968.

Michelini, Dorando Juan: *Der Andere in der Dialektik der Freiheit. Eine Untersuchung zur Philosophie Jean-Paul Sartres.* Frankfurt u. Bern 1981.

Möller, Joseph: *Absurdes Sein? Eine Auseinandersetzung mit der Ontologie Jean-Paul Sartres*. Stuttgart 1959.

Moser, Susanne: *Freiheit und Anerkennung bei Simone de Beauvoir*. Tübingen 2002.

Müller-Schwefe, Hans-Rudolf: *Existenzphilosophie*. Zürich 1961.

Richter, Liselotte: *Jean-Paul Sartre*. Berlin 1961.

Rossum, Walter van: *Sich verschreiben. Jean-Paul Sartre 1939–1953*. Frankfurt 1990.

–: *Simone de Beauvoir und Jean-Paul Sartre: Die Kunst der Nähe*. Berlin 1998.

Schaff, Adam: *Marx oder Sartre*. Wien 1964.

Scriven, Michael: *Jean-Paul Sartre. Politics and Culture in Postwar France*. New York 1999.

Silverman, Hugh u. Elliston, Frederick (Hg.): *Jean-Paul Sartre. Contemporary Approaches to his Philosophy*. Pittsburg 1980.

Simon, Pierre-Henri: «Flaubert disséqué par Sartre». In: *Le monde des livres* (2. Juli 1971).

Suhr, Martin: *Sartre zur Einführung*. Hamburg 1987.

Theunissen, Michael: *Der Andere*. Berlin 1965.

Todd, Olivier: *Un fils rebelle*. Paris 1981.

–: *Albert Camus: Ein Leben*. Übers. von Doris Heinemann. Reinbek bei Hamburg 1999.

Verneaux, Roger: *Leçons sur l'existentialisme*. Paris 1964.

Vietta, Egon: *Theologie ohne Gott*. Zürich 1946.

Vogt, Erik Michael: *Sartres Wieder-Holung*. Wien 1995.

Waldenfels, Bernhard: *Phänomenologie in Frankreich*. Frankfurt 1983.

Wannicke, Rainer: *Sartres Flaubert. Zur Misanthropie der Einbildungskraft*. Berlin 1990.

Zehm, Günther Albrecht: *Historische Vernunft und direkte Aktion. Zur Politik und Philosophie Jean-Paul Sartres*. Stuttgart 1964.

Zimmermann, Robert (Hg.): *Jean-Paul Sartre*. Cuxhaven 1989.

3. Zeittafel

1905	am 21. Juni geboren in Paris als Sohn eines Marineoffiziers
1907	Tod des Vaters; Kindheit im Hause der Großeltern
1915	Eintritt ins Lycée Henri IV in Paris
1916	Mutter heiratet erneut und holt ihren Sohn nach La Rochelle
1917–22	Besuch des Lycée in La Rochelle und Paris; Abitur
1924–29	Studium der Psychologie, Philosophie und Soziologie an der École Normale Supérieure in Paris; Agrégation in Philosophie als Bester seines Jahrgangs; Bekanntschaft und Beginn der Freundschaft mit Simone de Beauvoir
1929–31	Militärdienst an einer meteorologischen Station in Tours
1931–39	Sartre unterrichtet Philosophie an Gymnasien in Le Havre, Laon und Paris; 1933/34 Stipendienaufenthalt am Institut Français in Berlin: intensive Auseinandersetzung mit der Philosophie Husserls und Heideggers, Niederschrift des ersten Romans, *La nausée* (ersch. 1938); Mitarbeit an verschiedenen Zeitschriften
1936	*L'imagination*
1939–41	*Esquisse d'une théorie des émotions; Le mur;* Einberufung zum Kriegsdienst in einer Sanitätstruppe, Gefangennahme durch die Deutsche Wehrmacht, während der Gefangenschaft Niederschrift von *L'imaginaire* (ersch. 1940) und *L'être et le néant* (ersch. 1943)
1941	Rückkehr nach Paris: Wiederaufnahme der Lehrtätigkeit, aktive Mitarbeit in der französischen Résistance gegen die deutsche Besatzung
1943	Uraufführung von *Les mouches*
1944	Uraufführung von *Huis clos*
1945	Aufgabe des Lehrerberufs, um als freier Schriftsteller zu leben; Bde. 1 und 2 der *Chemins de la liberté: L'âge de raison, Le sursis;* Gründung der politisch-literarischen Zeitschrift *Les Temps Modernes;* Reise in die USA
1946	*L'existentialisme est un humanisme; Reflexions sur la question juive;* Uraufführung von *Morts sans sépulture* und *La putain respectueuse*
1947	Erster Band der *Situations*, einer Sammlung politischer und kunsttheoretischer Essays; *Baudelaire; Les jeux sont faits*

1948	Vatikan setzt Sartres Werke auf den Index der verbotenen Bücher; *Situations II;* *L'engrenage;* Uraufführung von *Les mains sales*
1949/50	Situations III; Bd. 3 der *Chemins de la liberté: La mort dans l'âme*
1950	Reisen nach Afrika und Italien; Bd. 4 der *Chemins de la liberté: Drôle d'amitié*
1951	Uraufführung von *Le diable et le bon dieu*
1952	*Saint Genet, comédien et martyr;* Mitgliedschaft in der französischen KP; Teilnahme am kommunistischen «Völkerkongress für den Frieden» (jährlich bis 1959); Bruch mit Albert Camus
1954/55	*Kean ou désordre et génie;* Reise in die Sowjetunion und nach China; Uraufführung von *Nekrassov*
1956	Sartre protestiert gegen das sowjetische Eingreifen beim Volksaufstand in Ungarn: *Le fantôme de Staline;* Austritt aus der KP
1958	Uraufführung von *Les jeux sont faits*
1959	Uraufführung von *Les séquestrés d'Altona*
1960	Besuch bei Fidel Castro in Kuba; *Critique de la raison dialectique;* Reisen nach Jugoslawien, Brasilien
1961	*Merleau-Ponty vivant*
1964	Sartre lehnt die Annahme des ihm verliehenen Nobelpreises für Literatur ab; *Situations IV-VI;* Autobiographie: *Lets mots*
1965	*Situations VII; Euripide: Les Troyennes;* Reisen nach Japan, Ägypten, Israel
1968	Unterstützung der 68er Bewegung
1971	Flaubert-Biographie: *L'idiot de la famille,* Bde. 1 und 2
1972	*Situations VIII* und *IX; L'idiot de la famille,* Bd. 3
1973	Leitung der linken Tageszeitung *Libération* (bis 1974); Erblindung
1976	Ehrendoktorwürde der Hebräischen Universität Jerusalem; *Situations X*
1980	am 15. April gestorben in Paris; zahlreiche Werke erscheinen nach Sartres Tod: *La dernière chance* (1981); *Cahiers pour une morale* (1983); *Le scénario Freud* (1984); *Critique de la raison dialectique,* Bd. 2 (1985); Tagebücher: *Les carnets de la drôle de guerre* (1983)

4. Bildquellen

S. 13, 29 zit. nach Anne Cohen-Solal: Sartre 1905-1980. Reinbek bei Hamburg 1988.

S. 15, 16, 21, 23, 24, 25, 26, 27 zit. nach Jean-Paul Sartre. Bilder eines Lebens. Zusammengest. v. Liliane Sendyk-Siegel. Reinbek bei Hamburg 1988.

5. Personenregister

Adorno, Theodor W. 152
Althusser, Louis 28, 35, 129, 130
Aron, Raymond 14 f., 18, 36, 92
Artaud, Antonin 155

Baader, Andreas 28
Barrault, Jean-Louis 18
Barthes, Roland 131, 153
Bataille, Georges 18, 155
Baudelaire, Caroline 76
Baudelaire, Charles 39, 76, 96, 140
Beauvoir, Simone de 11 f., 14 f., 18, 30, 36, 39, 90, 143
Beckett, Samuel 151
Benoist, Jean-Marie 103
Bergson, Henri 32
Biemel, Walter 74, 151
Bienenfeld, Bianca 15
Binswanger, Ludwig 154
Blanchot, Maurice 155
Bollnow, Otto Friedrich 151
Boss, Medard 154
Braque, Georges 18
Buber, Martin 33, 143

Camus, Albert 16–18, 20, 95, 99–104, 151
Camus, Catherine Hélène 101
Camus, Lucien Auguste 101
Castro, Fidel 22, 28, 89
Cau, Jean 102
Chruschtschow, Nikita 21
Cohen-Solal, Annie 11, 18, 24, 33, 153
Cohn-Bendit, Daniel 28

Contat, Michel 142

Deleuze, Gilles 35
Derrida, Jacques 131, 154 f.
Descartes, René 44, 52
Dilthey, Wilhelm 32
Dostojewskij, Fjodor M. 78
Duclos, Jacques 20, 92

Ebner, Ferdinand 33, 144
Eicher, Peter 83
Elkaim, Arlette 23, 143
Elliston, Frederick 154
Engels, Friedrich 109
Epikur 60

Fanon, Frantz 22, 128
Fehling, Jürgen 151
Flaubert, Achille 132, 135
Flaubert, Achille-Cléophas 132 f., 135
Flaubert, Caroline 132 f.
Flaubert, Gustave 24, 26, 28, 39, 75 f., 86 f., 106 f., 130-141
Flynn, Thomas 149, 154
Fornet Betancourt, Raúl 142
Foucault, Michel 28, 35, 141, 153 f.
Fourny, Jean-François 154
Frank, Manfred 154
Freud, Sigmund 130, 135
Friedrich, Otto 151

Gabriel, Leo 151
Gaulle, Charles de 22
Genet, Jean 20, 39, 76, 79, 86, 95 f.
Glucksmann, André 103, 130

6. Sachregister